KB179039

에리히 프롬이 들려주는
# 사랑 이야기

에리히 프롬이 들려주는

**사랑 이야기**

ⓒ 오채환, 2007

초판  1쇄 발행일  2007년 1월 20일
초판 13쇄 발행일  2021년 11월 2일

지은이        오채환
그림          김정진
펴낸이        정은영

펴낸곳        (주)자음과모음
출판등록      2001년 11월 28일 제2001-000259호
주소          10881 경기도 파주시 회동길 325-20
전화          편집부 (02)324-2347  경영지원부 (02)325-6047
팩스          편집부 (02)324-2348  경영지원부 (02)2648-1311
e-mail        jamoteen@jamobook.com

ISBN  978-89-544-0782-3 (64100)

• 잘못된 책은 교환해드립니다.

에리히 프롬이 들려주는

# 사랑 이야기

오채환 지음

|주|자음과모음

사랑은 참으로 많은 기록을 가진 단어입니다. 가장 달콤하고 낭만적으로 여겨지는 단어이고, 동서고금을 통해 가장 사용 빈도가 높은 중요 단어 가운데 하나이며, 그래서 그릇된 쓰임이 가장 심한 단어이기도 합니다. 유명한 사람들이 가장 많은 어록을 남긴 것도 사랑에 관한 것인데, 그만큼 단편적이고 감상적인 표현이 주를 이룹니다. 이런 영향은 생각보다 심각해서 사랑을 제대로 이해하는 데 오히려 방해가 되고 있습니다. 여기에 에리히 프롬이라는 사회심리학자이자 사상가는 《사랑의 기술》이라는 책을 통해서 사랑에 관한 많은 것을 새롭게 일깨워 주었습니다.

프롬은 의술이나 예술이 그에 관한 기술을 익혀야 하듯이 사랑도 '사랑의 기술'을 배워야 한다고 했습니다. 그리하여 사랑이란 별 준비 없이 적당한 기회에 마음 내키는 대로 하면 되는 것쯤으로 여기는 기존의 생각을 고쳐 놓았습니다. 프롬은 사랑이라는 인간 활동이 따로 떼어놓을 수 있는 독립된 활동, 즉 하고 않고를 선택할 수 있는 활동이 아님을 이론적으로 설명합니다. 사랑은 인간 존재의 본성상 인간의 자유와 행복과 맞닿은 문제로서 반드시 실천해야 하는 당위적 활동이라는 것입니다.

먼저 프롬은 정신분석학적 이론과 논리의 바탕에서, 고통스런 억압에서 해방된 인간이 다시 새로운 억압을 찾아 도망가는 '자유로부터의 도피' 이유를 사랑이 없거나 잘못된 사랑 혹은 서투른 사랑에서 찾습니다. 그리고 현대인의 사랑이 서툰 이유는 사랑에 대한 치명적인 오해에서 비롯된다고 진단합니다. 사랑에 대한 치명적인 오해란 사랑이 애써 배우고 습득해야 하는 기술(art)인데도 저절로 터득되는 것으로 착각하고 있다는 것입니다. 의사가 되려면 의학을 배워야 하듯이 사랑도 마찬가지 단계를 거쳐야 한다고 프롬은 주장합니다. 그렇다면 어떤 기술을 배우기 위해 거쳐야 할 단계는 무엇일까요?

기술을 배우는 과정은 크게 둘로 나눌 수 있습니다. 첫째는 이론의 습득이고, 둘째는 실천에 익숙해지는 일입니다. 만일 의술을 배우고자 한다면, 우선 인체에 대한 지식과 여러 질병에 대한 사실들을 알아야 합니다. 그리고 또 상당한 정도의 수련까지 쌓은 후에라야 비로소 의학에 있어서 대가가 될 것입니다.

그러나 이론과 실천을 익히는 것 외에도 어떤 기술을 습득할 때 대가를 치러야 하는 또 한 가지 요소가 필요합니다. 그것은 기술 습득이 궁극적인 관심사가 되어야 한다는 것입니다. 다시 말하면 그 기술보다 더 중요한 것은 없다고 생각해야 합니다. 이것은 비단 사랑뿐만 아니라 음악, 의학, 건축에도 해당됩니다.

그런데 사람들은 사랑을 무척 갈망하면서도 사랑보다는 주변적 수단인 성공, 권위, 돈, 권력 등을 더 중요한 것으로 여깁니다. 사랑을 갈망하면서 정작 사랑의 기술을 배우려고는 하지 않고 주변적인 수단을 얻기 위해 모든 정력을 낭비하고 있습니다. 이러한 잘못된 생각을 깨닫는 데서부터 진정한 사랑이 시작된다는 것이 프롬의 사랑 철학입니다.

부디 이 조그만 동화가 이런 '사랑의 기술'을 깨닫고 익히는 데 길잡이가 되기를 바랍니다.

2007년 1월

오채환

# C O N T E N T S

## 프롤로그

은진이는 까치발을 하고 동생 은혜의 방 안으로 살며시 들어갑니다. 은혜의 분홍색 책장을 찬찬히 살피던 은진이는 다시 한 번 바깥에 누가 있는지 없는지 살펴본 후 조심조심 《어린이 세계사》 전집 뒤로 손을 집어넣어 휘휘 저어봅니다. 무얼 찾는 걸까요?

아! 은진이가 책 뒤에서 노란색 일기장을 꺼내는군요. 그러고는 은혜의 책상 위를 둘러보다가 연필통에서 샤프 하나를 집어 듭니다. 조그마한 자물쇠에 샤프 끝을 끼워 넣고 이리저리 눌러봅니다. 그러고는 얼마 지나지 않아 자물쇠가 힘없이 풀어지자 은진이는 작은 탄성을 내지르면서 얼른 일기장을 펼칩니다.

'……오늘은 지훈이를 못 보고 집에 돌아가는 줄 알았는데 학교 교문 앞에서 딱 마주쳤다. 또다시 심장이 쿵쾅쿵쾅 뛰기 시작했고, 나도 모르게 얼굴이 달아올랐다. 나는 지훈이와 인사를 하려고 마음을 가다듬고 침착하게 준비를 하고 있었다. 그런데 나한테는 아무 말도 하지 않고, 미예한테만 인사를 하는 거다. 아휴, 지훈이는 아무래도 미예를 좋아하나 보다. 곧 밸런타인데이가 돌아오는데…… 아무래도 나는 지훈이에게 초콜릿을 주지 말아야 할 것 같다. 마음이 너무나 아프다.'

은진이는 터져 나오려는 웃음을 억지로 참으며 자물쇠를 다시 채웠습니다. 우연히 방 청소를 하다가 동생의 일기장을 발견한 은진이는 요새 동생 일기를 자주 훔쳐보는 나쁜 언니가 되었습니다. 은혜가 지훈이를 좋아한다는 것을 알고 난 후부터는 그 흥미진진한 이야기가 궁금해지기 시작했습니다. 이것이 다 은혜의 첫사랑 지훈이 때문이라죠!

# 1

# 사랑을 모르시는군요!

 사랑한다는 것은 '관심'을 갖는 것이며, '존중'하는 것이다. 사랑한다는 것은 '책임감'을 느끼는 것이며 이해하는 것이고, '주는 것'이다.

– 에리히 프롬

# 1  사랑하는 능력?

"언니."

"응?"

이제 초등학교 6학년인 은혜가 제법 심각한 표정으로 언니 은진이에게 묻습니다.

"언니, 혹시 좋아하는 사람 있어? 다음 주에 밸런타인데이가 있잖아."

"호호호, 왜에? 지훈이한테 사랑 고백하려고?"

자기의 비밀을 언니가 어떻게 알았을까 싶은 마음에 은혜는 너무나 당황하여 얼굴이 한꺼번에 일그러졌습니다. 동생의 일기장을 훔쳐본 것에 대해 아무렇지도 않게 말하는 은진이는 까르르 웃기까지 하면서 은혜의 침대에 풀썩 주저앉았습니다.

"언니 내, 내, 내……."

은혜가 흥분을 가라앉히지 못하고 말까지 더듬어 가며 언니에게 따지려고 합니다. 그렇지만 은진이는 아주 태연하게 말을 이었습니다.

"일기장 읽었냐고? 당연하지. 샤프심으로 쑤셔도 열리던데 잠가 두면 뭐하냐? 호호호."

화가 머리끝까지 오른 은혜가 언니에게 덤벼들었으나 중학교에 들어가면서 10센티미터나 키가 자란 언니에게 은혜는 힘이 달렸습니다. 신나게 웃어 대며 은혜의 주먹질을 슬슬 피하던 은진이는 동생을 와락 끌어안고 침대 위에 잡아 눌렀습니다.

"혹시, 그 지훈이가 우리 아파트 같은 동에 사는 지훈이야? 응? 그런 거였어?"

"끄아아악! 언니 미워! 죽을 때까지 미워할 거야!"

"히히히, '지훈이가 미예를 더 좋아하는 것 같다. 마음이 아프다' 아하하하하하!"

"언니 지훈이한테 말하면 죽어!"

"뭐, 밸런타인데이도 다음 주인데. 어차피 고백할 거 아니었어?"

그 말에 은혜는 소금 뿌린 푸성귀마냥 사그라졌습니다. 언니에게 화가 났던 것은 다 잊어버렸는지 축 처진 얼굴로 베개를 잡아끌었습니다.

"하아아아, 그렇지? 고백은 해 봐야겠지? 대시도 못 하고 졸업하면 너무 억울할 거야."

"같은 중학교로 가게 된다면서?"

"아아, 몰라. 중학교에 가서 반이 갈라질지도 모르잖아. 너무나 좋아하는데 말 못하는 심정을 언니가 알기나 해? …… 그런데 언니는 좋아하는 사람 없어?"

"흐음."

그 말에 은진이는 버스에서 우연히 보았던 남학생을 떠올렸습니다. 은진이가 좋아하는 가수를 쏙 빼닮은 그 남학생 생각에 은진이는 두 무릎을 모아 끌어안았습니다. 뭔가를 눈치 챈 은혜가 손뼉을 치며 좋아합니다.

"있구나!"

"응. 그런데 난 그 남학생 잘 몰라."

"에, 그런 게 어디 있어?"

"그냥 버스에서 잠깐 본 것밖에는 없거든."

얼마 전 은진이는 버스에 오르자마자 운 좋게도 자리를 찾아 얼른 앉은 적이 있었습니다. 은진이의 앞에 서 있었던 고등학교 교복을 입은 학생! 은진이는 그 남학생을 보자마자 생각했습니다.

'아아, 첫눈에 반한다는 것이 이런 거구나!'

하지만 은진이는 그 남학생이 옆에 와 섰을 때에 꾸벅꾸벅 조는 척을 하고야 말았습니다.

"언니, 그 오빠 잘생겼어?"

"음, 잘생기기도 했는데……."

은진이가 말끝을 흐렸습니다. 그 남학생은 얼굴도 잘생겼을 뿐만 아니라 목소리까지 멋있었습니다. 그 목소리를 듣고 있노라면 마치 클래식 음악을 듣는 듯한 느낌까지 들었습니다. 은진이는 더더욱 그 남학생의 말소리에 귀를 기울이게 되었습니다.

'이승한, 이승한……'

명찰에 '이승한'이라고 적혀 있던 그 사람의 이름은 잊으려고 해도 잊혀지지 않았습니다. 한참 그 남학생의 목소리에 귀를 기울이고 있자니 그 사람은 친구와 무슨 어려운 이야기를 나누는 것 같았습니다.

"잘생기기도 했는데?"

"무슨 철학자 얘기를 했어. 논술 준비를 하고 있나 봐."

"엥? 철학자? 그 오빠 조금 고리타분한 스타일 아니야?"

"아아니…… 프롬인가 뭔가 하는 사람 얘기인데, 사랑에 대한 책을 썼대. 잘생긴 얼굴에 유식하게도 철학자 얘기를 술술 꺼내는데 너무너무 멋있어 보였어! 게다가 사랑에 관한 얘기잖아."

"철학자들이 그런 것도 써?"

"그랬나 봐."

은진이는 버스에서 그 남학생이 친구들과 하는 대화를 하나도 알아듣지 못한 자신이 무척 답답했습니다. 그래서 그날 바로 도서관에 가서 그 책을 찾아보았지요. 그렇지만 아무리 책을 읽어도 무슨 얘기를 하는지 더욱 알 수 없었습니다. 책 내용은 점점 더 미궁으로 빠지는 듯했습니다.

"책 이름이 뭔데?"

"사랑의 기술."

"호오. 그거, 어떻게 하면 퀸카가 되는가, 뭐 그런 거야?"

"아니, 대충 읽어 봤는데 그런 내용은 없더라."

은진이는 고개를 갸웃거리며 말했습니다. 혹시 나중에라도 그 남학생과 얘기할 기회가 생기면 프롬에 대해서 아는 척해야지 하는 마음에 그 책을 열심히 읽었습니다. 또 그리 두꺼워 보이지도 않아서 책을 쭉 훑어보았지만 퀸카가 되는 방법이라든지, 사랑받는 방법은 나오지 않았습니다. 제목이 '사랑의 기술'인데도 말이죠.

"아니, 그게 좀 이상했어."

"뭐가?"

"그런 내용은 하나도 없고 '사랑은 기술이다, 배워야 하는 거다' 뭐, 그런 내용만 있는 거야."

ISBN 88-7107-319-1
9 788871 073196

03530

"에, 뭐야. 그럼 수학같이 공식을 외워서 술술 풀어야 하는 거야?"

"그러게 말이야. 그러니까 그 사람 말은, 어린아이들이 걸음마를 배우듯이 사랑도 사람들이 자라면서 배워야 하는 기술이라는 거지."

"으음, 사랑에 대한 책치고는 별로 낭만적이지 않은걸."

은진이도 같은 생각이라며 고개를 끄덕였습니다. 별로 낭만적이지는 않지만 그 남학생이 하는 말을 들어 보면 꼭 그렇지만도 않았습니다.

"그래서 나도 생각해 봤는데, 은혜 너 재작년만 해도 남자 아이들이라면 다 징그럽다면서 싫어했잖아."

"응."

"그런데 지금은 싫기는커녕 좋아하는 남자 아이까지 생겼잖아."

"호호호, 그러게 말이야."

"그러니까 너는 남자 아이를 좋아할 수 있는 능력이 생긴 것 아닐까?"

"흠…… 언니, 그게 그런 게 아니라 우리 지훈이가 너무 멋져서 그런 게 아닐까?"

은혜는 지훈이 생각이 나는지 감은 눈을 파르르 떨면서 달콤한 미소까지 지었습니다.

"아닐걸? 프롬은 그게 사람들이 자주 저지르는 실수라고 했어. '멋있는 사람'이 생겨서 저절로 '사랑'한 거라고 생각하는 게 실수라는 거야."

"멋있는 사람이 생겨서 사랑하는 게 왜 실수야? 당연한 거지."

나도 잘 모르지만 '운명의 상대를 만나게 되면 사랑에 빠질 거야'라고 생각하는 게 실수래. 그리고 두 번째 실수는, '어떻게 하면 사랑을 받을 수 있을까' 하는 거래. '퀸카가 되면 남학생들이 나를 좋아해 줄까?' 하는 거."

"그러니까, 그게 당연한 거 아니냐고?"

"그건 사랑을 물건을 사고파는 상품을 거래하는 것처럼 만들어 버린대."

은진이는 그 부분을 몇 번씩이나 반복해 읽었던 터라 다시 천천히 곱씹어 보았습니다. 알 듯 말 듯한 말이었습니다. 동생 은혜도 역시 헷갈리나 봅니다.

"아이고…… 언니, 나는 이해가 잘 안 된다."

"그러니까 정리를 해 보면, 사랑을 주거나 받는 게 중요한 건 아니다, 뭐 이런 거지? 내가 사랑하는 마음이 더 중요하다는 거 아니야?"

"응, 그런 거 같아. 내가 좋아하는 사람에게 사랑을 주는 것이 당연한 것인데 사랑하는 사람에게 사랑을 받고자 한다면 마치 사랑이 주고받는 물건 같잖아."

"흐음. 그래도 언니, 나한테는 지금 지훈이가 날 좋아해 주는 게 더 중요해."

언니의 어려운 말을 이해하려던 은혜가 땅이 꺼져라 한숨을 내쉬었습니다. 그러나 은진이는 알쏭달쏭했던 사랑 이야기를 더 하고 싶은가 봅니다.

"아, 또 있었어."

"뭐?"

"나도 작년에 좋아했던 남자 아이가 있었어. 친구 교회에 따라갔다가 본 앤데, 너무 멋있어서 순간 좋아하는 마음이 막 생기더라고."

"정말? 그래서 언니, 그 오빠한테는 고백했어?"

"음, 그게 있지. 처음에는 정말 좋았는데, 몇 달 지나면서 조금 잘 알게 되니까 그 애가 시시해 보이더라고."

"맞아, 나도 그럴 때가 있어."

은혜가 얼른 맞장구를 쳤습니다. 은혜 역시 예전 같은 반의 반장을 한참 좋아하다가 한 달도 지나지 않아 시들해졌던 기억이 났습니다.

"사랑이라는 감정의 유효 기간은 길어야 2년이라고 하더라. 그래서 그런지 처음 봤을 때 그 마음이 그대로 지속되지 못하나 봐. 그걸 봐서도 사랑은 배워야 하는 기술이다, 뭐 그런 거 아닐까?"

"흐음……."

'사랑의 유효 기간이 2년이라고?'

은혜는 엉뚱하게도 2년을 훨씬 넘게 사랑하고 계시는 것 같은 부모님 생각이 났습니다. 막내 이모에게 슬쩍 들은 이야기에 따르면, 은혜 어머니와 아버지는 정말 떠들썩한 연애 끝에 양가의 엄청난 반대를 무릅쓰고 결혼했다고 하였습니다. 그런데 생각해 보니 은혜의 부모님도 여느 부부들처럼 다투시기도 하고 두 분이 며칠씩 말씀도 나누지 않으시고 하는 것이었습니다. 그럴 때마다 식사 시간이 되면 냉기가 흐르기 마련이었습니다.

"언니."

"응?"

"엄마랑 아빠도, 결혼해서 처음에는 무지하게 사랑했을 거야,

그지?"

"응, 그때는 정말 이 사랑이 내 운명이다 싶으셨을 거고, 사랑받아서 정말 행복하다고 생각하셨겠지?"

"으음, 엄마 아빠가 사랑했다고 생각하니까 좀 이상하네."

"그런데 그렇게 사랑해도, 몇 년 지나면 애틋한 감정은 사라진다는 거잖아."

"그러게."

'그러면 우리 엄마 아빠의 사랑이 식은 건 아닐까?'

은혜는 엄마 아빠 걱정에 입술을 삐죽이다 다시 침대에 벌렁 드러누웠습니다.

은혜는 지난 몇 주 동안 학교에 지훈이만 있는 것 같았습니다. 지훈이를 보면 괜히 웃음이 나고 초콜릿이라도 몰래 전해 주고 싶고, 내가 너를 좋아한다고 마구마구 외치고 싶었습니다. 그렇게 가슴앓이를 하면서 어떻게라도 마음을 전하고 싶은데 뾰족한 수가 생각나지 않았습니다.

# 2 사랑은 기술이다

은진이는 선물 가게에서 산 노란 손거울을 꺼내 열어 보았습니다. 쌍꺼풀 없는 눈, 답답해 보이는 앞머리와 동그란 안경을 보니 자신의 모습이 영 마음에 들지 않았습니다. '눈이 좀 더 시원스럽게 컸더라면 얼마나 좋았을까? 머리숱이 조금 더 많았더라면, 초등학교 때처럼 머리카락을 원하는 대로 기를 수 있기라도 했다면 나 좋다고 따라다니는 남학생이 생길 수도 있는데……' 하며 혼자 푸념을 늘어놓았습니다. 그런데 갑자기 엄마의 목소리가 들렸습니다.

"은진이 공부하니?"

어머니가 은진이의 방문을 열면서 물어보셨습니다. 은진이는 깜짝 놀라며 손거울을 얼른 닫았습니다.

"아, 아니요."

"아이고, 우리 큰딸 또 쌍꺼풀 고민하니?"

문을 열면서 은진이가 거울을 뚫어져라 보고 있던 것을 어머니도 보셨나 봅니다. 어머니 말씀에 머쓱해진 은진이는 헛기침을 하면서 옆에 놓아두었던 수학 책을 집어 들었습니다.

"고, 공부하려고요."

"은진이는 쌍꺼풀 없는 게 더 예뻐요."

"에이, 엄마도. 쌍꺼풀이 없어서 더 예쁜 게 어디 있어요?"

입이 뿌루퉁해진 은진이가 투덜댔습니다. 어머니는 빙긋 미소를 지으며 은진이의 어깨를 다독였습니다.

"우리 딸이 세상에서 제일 예쁘다니까."

"그건 엄마니까 그렇죠!"

"아냐, 진짜야. 다른 사람들한테 물어보렴. 우리 딸이 얼마나 예쁜지. 세상에서 제일 예쁜 우리 딸, 간식 만들어 줄까?"

"······네."

어머니가 나가시자마자 은진이는 아까 놓아두었던 거울을 다시 꺼냈습니다. 사춘기가 되었는지 은진이는 자꾸만 거울에 눈이 갔습니다. 몇 번이나 다이어트를 생각할 정도로 자신이 뚱뚱한 것 같기도 하고, 길 가다가 잘생긴 남학생들과 마주치면 힐끔힐끔 쳐다보기도 합니다. 어쩌면 정말 은진이가 사랑하는 방법을 배우게 되는 것은 아닐까요? 그래서 사랑하고 싶은 사람을 찾게 되고, 그 사람들이 자신을 사랑해 주었으면 하는 욕심이 생기는 건지도 모르겠습니다.

'으이구, 교복만 안 입어도 스타일이 좀 살 텐데.'

은진이는 순간, 사랑은 거래가 아니라던 남학생의 말이 떠올랐습니다. 그 남학생이, 사랑은 주고받거나 소유할 수 있는 것이 아니라고 했습니다. 그렇지만 은진이는 사랑이라면 늘 '마음을 주는 것'이나 '사랑을 받는 것'이라고 자연스럽게 받아들였습니다. 예쁘게 쌍꺼풀이 졌다면 관심을 받을 수 있을 것이고, 좋아하는 남학생이 생기면 관심을 주는 것이 당연하지 않나요?

'사랑은 기술이다. 사랑은 소유의 대상이 아니다?'

은진이는 거울을 서랍에 집어넣으면서 중얼거려 보았습니다. 어려운 말이지만 어렴풋이 알 것 같기도 했습니다.

'쌍꺼풀은 없지만 나는 지금 그보다 더 중요한, 사랑하는 방법을 배워가는 것 아닐까? 사랑받는 방법을 찾는 것보다, 사랑을 잘하는 법을 찾아야 할지도 몰라.'

# 3 멀어지는 만큼 배우는 사랑

"엄마, 나 물어볼 거 있어요."

은혜 어머니가 빙긋이 웃으며 은혜가 앉은 식탁 앞자리에 앉으셨습니다. 어머니는 평소처럼 숙제를 도와 달라는 부탁일 거라 생각하시는 것 같았습니다.

"엄마! 엄마는 사랑이 기술이라고 생각하세요?"

"사랑이 기술이라고? 호오. 우리 은혜 제법인데? 어쩌다 그런 생각을 다 하게 됐어?"

"언니가 그랬는데, 사랑도 배우는 거래요. 무슨 철학자가 그랬다 나요?"

"프롬 씨 책을 읽은 모양이구나. 우아! 우리 은진이가 그런 책도 다 읽고……, 이제 정말 다 컸나 보네."

"그런데 엄마, 사랑을 왜 배워야 해요?"

은혜 어머니가 먹음직스러워 보이는 귤을 까서 작은 접시에 보기 좋게 늘어놓으면서 말씀을 이었습니다.

"엄마도 오래전에 읽은 책이라서 생각이 잘 나지는 않는데, 외로워서 그런 걸 거야."

"외로워서요?"

"응, 사람은 세상을 살면서 혼자라고 느낄 때가 있잖니? 그 점이 사람과 동물의 다른 점이기도 하고."

"그러면 동물은 외로움을 안 느껴요?"

"인간은 어머니의 몸 안에서 자라고, 태어나서도 오랫동안 엄마의 보호를 받게 된단다. 은혜도 한번 생각해 보렴. 최소한 다섯 살 때까지는 엄마가 계속 곁에 있었고 만약 엄마가 곁에 있을 수 없는 상황이 와도 다른 어른들이 늘 같이 있었잖아. 그렇지? 그렇게 자라면서 학교 갈 나이가 되고, 점점 엄마와 멀어지면서 사랑이라는 기술을 터득하게 되는 거야."

"엄마와 멀어지면서 배우는 거라고요?"

"멀어진다는 것은, 그만큼 은혜가 어른이 되어 간다는 뜻이란다. 혼자서 할 수 있는 것이 점점 많아지고, 그러면서 자신이 다른 사람이나 주위 환경과 거리를 두고 있는 걸 느끼는 거지. 그게 바로 외로움이야. 외로움을 느끼면 다시 누군가와 혹은 무엇인가와 합치고 싶은 마음이 들겠지?"

"엄마와 멀어지는 만큼, 다른 사람과 더 가까워지는 거예요?"

사실은 이해가 잘 안 돼서 대강 되물어 본 건데 어머니는 은혜의 질문에 고개를 끄덕이셨습니다.

"맞아. 그래서 친구들과도 더 어울리려고 하고, 게임 같은 것에 집중하기도 하고, 다른 사람들과 함께 운동을 하거나 무엇인가 자꾸 일을 만들면서 그렇게 외로움을 잊어버리려고 하지."

"우리 반에도 지우개 가루로 건담 만들고 그런 애들 있어요. 완전 보물 취급하면서 친구들도 못 만지게 하고."

은혜의 반에는 건담 전문가 호야가 있었습니다. 호야는 제일 친한 친구 시원이가 건담을 그냥 만져 보겠다고만 해도 질겁하곤 했습니다. 호야는 작품마다 이름까지 붙여 주고 늘 가까이 둔다고도 했습니다.

"응. 자기만의 것을 그렇게 만들거나, 다른 사람들과 아주 가까이서 함께 행동하다 보면 잃어버렸던 친밀함을 다시 찾는 것만 같거든."

"그럼, 못 찾는 거예요?"

"잘 생각해 보렴. 자기가 만든 작품과 늘 함께 있는 것은 불가능하잖아."

"에헤헤. 뭐, 건담을 아주 크게 만들면 조종석에 들어가서 합체하는 게 가능할지도 모르죠."

조종석에 사람이 들어갈 수 있을 정도로 큰 건담을 만들려면 도대체 지우개 몇 개가 필요할까 하는 엉뚱한 생각을 하며 은혜가 중얼거렸습니다. 은혜 어머니는 하하 웃음을 터뜨리시며 자리에서 일어섰습니다.

"어릴 때 경험한 그런 어머니의 사랑, 한 몸이 되었던 경험을, 사랑의 기술이 대신하는 거야. 어머니 배 속에 있었던 것처럼 하나가 될 수는 없지만, 다른 사람을 위하고, 생각하고, 같이 시간을 보내면서 조금 더 가까워지는 거지. 아유, 시간이 벌써 늦었네. 저녁 해야겠다."

"네."

은혜는 접시에 남아 있는 귤을 얼른 집어 먹으면서 다시 생각했습니다.

'밸런타인데이가 점점 더 가까워지고 있는데, 나는 아직 지훈이에게 줄 초콜릿을 사지도 못했네.'

# 아무것도 모르는 자는 아무것도 사랑하지 못한다

　사람들이 사랑에 대해 흔히 갖는 편견은 크게 두 가지입니다. 그중 하나는 사랑이란 배움의 대상이 아니라고 여기는 것입니다. 사랑은 아무 준비 없이 그저 하면 되는 것, 우연한 기회에 찾아오는 운명과도 같은 것이라는 생각이 매우 보편적입니다. 그러나 그것은 많은 사람들이 사랑의 행위적 측면을 강조하기 때문에 생긴 편견입니다. 다시 말해 사랑을 그저 달콤한 기분으로 유쾌하게 탐닉해 버리고 마는 것쯤으로 생각하는 것입니다.

　마침내 사랑을 애써 배워야 하는 것으로 여기지 않아 사람들은 사랑받을 수 있는 요건을 갖추는 일 또는 사랑스러운 대상을 찾는 문제에만 매달리고, 사랑하기 위해 자발적이고 능동적인 능력을 갖추는 일에는 소홀합니다. 마치 그림을 그리기 위하여 무엇을 그릴지만 골몰하고, 어떻게 그려 낼 것인가는 걱정하지 않는 태도와 같습니다. 이는 많은 사람들이 간절하게 사랑을 원하면서도 실패를 거듭하는 이유입니다. 물론 사랑은 행동을 해야 비로소 이루어지므로 실천이 매우 중요한 것은 사실입니다. 그렇지만 배움을 거치지 않은 사랑은 서툰 사랑 혹은 병적인 사랑에 이르기 때문에 진정한 사랑의 실천이 어렵다는 사실 또한 명심해야 합니다.

사랑이란 의술을 습득하거나 악기 연주를 익히는 일처럼 지식과 노력이 필요한 일입니다. 따라서 사랑도 하나의 기술이라고 볼 수 있습니다. 여기서 말하는 기술이란 단순히 기교나 기법, 즉 테크닉이 아니고, 사랑의 원리 전체를 꿰뚫는 능력에 대한 지식과 노력을 뜻합니다. 흔히 '못 이룰 것이 없는 사랑의 위대한 힘'을 일컬을 때도 바로 이것에 대한 의미를 포함합니다.

그렇다면 우리가 명심해야 할 근본적인 '사랑의 원리'란 무엇일까요? 인간은 본래 생각이 많기 때문에 스스로 판단하고 스스로 해결하는 능력이 뛰어납니다. 따라서 다른 짐승들보다 자연적 세계에서 멀리 떨어진 인위적 세계를 만들어 살게 됩니다. 이처럼 세계에서 분리되어 사는 인간은 외로움 속에서 불안을 느끼고, 심지어는 수치심과 죄책감까지 느낍니다. 멀어진 세계에서 받게 되는 불안함, 수치심, 죄책감 등을 잊기 위하여 아예 자기만의 세계에 스스로 갇혀 살거나, 도취 상태에 빠지기도 합니다.

도취 형태도 자연 세계에서 덜 분리된 과거에는 집단적 도취 상태를

얼곤 했습니다. 마을 사람 전체가 미신에 몰입하는 것은 그 좋은 예입니다. 한편 개인적 고립이 더욱 깊어진 현대에는 개인적 도취 형태에 빠지곤 합니다. 여러 가지 중독 현상은 그 좋은 예입니다. 이와 같은 예들도 사랑이라고 한다면 그것은 잘못된 자기 사랑이거나 병적인 사랑입니다.

　이처럼 본원적으로 외로울 수밖에 없는 인간이기에 가질 수밖에 없는 불안함, 수치심, 죄책감 등을 극복하기 위하여 해야 할 가장 바람직한 노력이 바로 올바른 사랑이며, 그런 사랑을 위해서는 사랑의 기술이 필요한 것입니다.

　결론적으로 명심해야 할 사랑의 근본 원리는 인간이 성장할수록 사랑의 기술을 애써서 배워야 한다는 사실입니다. 이와 같은 에리히 프롬의 주장을 함축적으로 담은 사랑의 격언이 바로 '아무것도 모르는 자는 아무것도 사랑하지 못한다'입니다.

# 2

# 사랑은 다 같은 것?

 그들은 심취, 즉 서로에게 '미쳐 있다'는 것을 사랑의 강도를 나타내는 증거로 여기지만, 그것은 단지 그들이 전에 얼마나 고독했는지를 나타내는 것에 불과할 따름이다.

－에리히 프롬

# 1 부모님의 사랑

오늘은 중간고사가 시작되는 날입니다. 은진이는 책가방이 다른 때보다 더 무겁게만 느껴집니다. 가쁜 숨을 쉬며 가방을 다시 한 번 들쳐 메고 가파른 언덕길을 올랐습니다. 은진이네 학교의 언덕길은 길고 경사가 높습니다. 심지어 시험 기간이면 잠이 모자란 아이들 중 한둘은 발을 헛디뎌 발목을 삔다는 이야기까지 있을 정도입니다.

"은진아, 같이 가자!"

같은 반 진희의 목소리였습니다. 이른 아침인데도 진희의 목소리에는 힘이 넘쳤습니다. 진희는 쌍둥이 남동생인 진성이를 뒤로 하고 은진이에게로 달려왔습니다.

"진희야, 나 졸려서 죽을 것 같아."

"은진이 너 어제 몇 시까지 공부한 거야? 새벽까지 했어? 시험 전날에는 푹 자야 좋다는데. 컨디션 관리 안 하면 실력 발휘를 못한대."

"그걸 누가 모르냐. 저번 주에도 공부 하나도 안 했는데, 나도 양심이 있지. 벼락치기라도 성의 있게 해 줘야 하지 않겠어? 으흐흐, 그런데 넌 공부 미리 많이 해 놓았다면서."

"난 이번에 성적 꼭 올려야 하거든. 성적 또 떨어지면 우리 아빠한테 쫓겨날지도 몰라."

"나도 마찬가지야. 우리는 완전 동병상련이 따로 없네."

은진이와 진희는 약속이라도 한 듯 한꺼번에 한숨을 내쉬었습니다. 초등학교 다닐 때까지만 해도 너그럽기만 했던 아버지는 은진이가 중학교에 들어가면서 많이 엄해지셨습니다. 성적이 떨어지면 코까지 흘러내린 안경 너머로 은진이를 바라보시며 혀를 끌끌 차셨습니다.

"진희야 있지, 그거 생각 안 나? 초등학교 때는 건강하게만 커다오 그러시더니, 중학교 들어가니까 이런 성적이면 대학도 못 간다, 취직하기도 힘든데 어떻게 하려고 그러느냐며 설교부터 하시는 거 있지."

"어머어머, 너희 아버지도 그러시니? 우리 아빠도 나랑 진성이 앉혀 놓고 요즘 경제가 안 좋고 얼마나 직업 찾기가 힘든지 아느냐고 한 시간씩 말씀하신다니까. 그 스트레스도 장난 아니야."

"그런데 그게 다 우리를 사랑해서 그런 거라고 하셔."

"맞아, 우리 아버지도! 다 우리 생각해서 그러시는 거래."

"우리를 진정으로 사랑하시면 이 지옥 같은 시험에서 해방시켜 주셔야 하는 거 아니야?"

"그러게 말이야, 그런데 더 부담만 주시고…… 그치?"

"그런데 또 그 부분만 빼면 부모님이 우리를 사랑하시는 것 같기도 하단 말이야. 참, 예전에 어디에서 들은 얘긴데, 어떤 집에 불이 났거든. 그 집 엄마와 아빠는 이미 탈출한 상태였는데 딸이 불길에 갇혀서 나오지 못하고 있는 거야. 그 애라고 공부 잘하고 전교 1등 하고 그랬겠어?"

"그거야 모르지. 그런데 뭐, 1등 하는 게 쉬운 건 아니니까. 어쨌든 그래서? 어떻게 됐어?"

"그런데 그 부모님이 소방관 아저씨가 들어가지 말라고, 들어가시면 큰일 난다며 붙잡았는데도 그 불길을 헤치고 들어갔다는 거야."

"어머어머. 그러다가 못 나오면 어떻게 해? 으으, 끔찍해."

"결국 엄마와 딸은 나왔는데 아빠는 가족들만 구출하고 그만……."

"너무 안타깝다. 그런데 어떻게 그럴 수가 있지? 나라면 어떻게 했을까? 이런 이야기를 듣고 보면 또 부모님의 사랑이 절대적인 것 같기도 해. 나는 드리는 것이 하나도 없는데 늘 주시기만 하잖아."

"절대적인 사랑이라고?"

"응, 다 우리 잘되라고 그러시는 거 아니겠어? 우리가 잘 못하니까 스트레스를 받는 거지."

"그래도 우리 아빠는 조금 변하신 것 같아. 딸에 대한 사랑이 식으신 건가? 어쨌든 그 사랑에 좋은 성적으로나마 보답해야겠는데……."

"아휴, 나는 효녀 되기는 영 글러 버렸나 보다. 호호호."

둘이 이런저런 얘기를 하면서 걷다 보니 벌써 교문 앞이었습니다. 은진이는 다시 한 번 땅이 꺼져라 한숨을 내쉬고 걸음을 옮겼습니다.

교실 안은 아주 조용했습니다. 공부를 왜 하냐고, 자기는 그런 거 신경 안 쓴다고 했던 꼴찌 박영우까지 영어 단어집을 들고 있는 것을 보니 시험 기간이 맞긴 맞나 봅니다. 진희와 은진이는 짧은 눈인사를 나누고 각자의 자리로 향했습니다. 은진이의 짝 현이가 우울한 얼굴로 은진이를 올려다보며 속삭였습니다.

"은진아, 너 공부 좀 했니?"

"아니, 내가 열심히 했겠니?"

"아휴, 난 몰라. 나 죽었어."

"너는 공부도 잘하면서 무슨 엄살이야?"

현이는 반에서 5등 안에 드는 범생이었습니다. 은진이는 현이에게 눈을 흘기는 척하고는 가방에서 참고서를 꺼내 들었습니다. 현이가 고개를 반쯤 돌리면서 은진이에게 또다시 속삭였습니다.

"은진아, 쟤 정말 재수 없지 않니?"

"응? 누구?"

현이가 연필로 윤정이 쪽을 가리켰습니다. 윤정이는 선생님들의 사랑을 한 몸에 받고 있는 학생이었습니다. 1등을 놓친 적이 별로 없기도 하고, 언제나 공부하느라 바빠서 다른 아이들과 말도 별로 하지 않았습니다. 그래서 친구들한테 잘난 척한다는 소리도 자주 듣습니다.

"글쎄, 왜?"

"못 들었어? 쟤네 어머니가 어제 우리 담임선생님한테 와서 막 난리 쳤대. 쟤가 학교생활이 너무 힘들다고 그랬다나? 도대체 학생 관리를 어떻게 하는 거냐고. 우리가 쟤 일부러 왕따 만들었다고 뭐 그랬다던데. 우리가 쟤 왕따 만들었냐? 지가 우리 반 애들 전체 왕따시키는 거지."

"윤정이 쟤는 만날 공부하느라 바쁘잖아?"

"그러니까 말이야. 혼자 잘난 척하는 거 아무 말 않고 봐 주고 있는데 왕따는 무슨 왕따. 그치? 또 담임이 쟤를 좀 챙기냐?"

"그런데 나는 윤정이가 잘난 척하는 건 잘 모르겠던데……."

은진이가 말끝을 흐렸습니다. 사실 은진이는 윤정이와 초등학교 3학년 때 같은 반이었고 그때 몇 번 이야기를 나눈 적이 있었습니다. 조금 소심하고 내성적이기는 해도 잘난 척한다는 느낌은 받지 못했습니다. 윤정이네 집이 부잣집이라는 말은 들은 적이 있었고, 윤정이의 어머니가 윤정이 학교생활에 아주 큰 관심을 쏟는다는

것 역시 들었기 때문에 그저 나쁘게 보일 수도 있겠다는 생각을
하는 정도였습니다.

"그래도, 난 쟤 정말 재수 없어."

현이가 새침하게 말을 내뱉고 다시 책을 펴 들었습니다.

# 2  윤정이의 속사정

시험이 끝나고 학교 앞 분식집을 기웃거리던 은진이는 은하수 분식집 유리창 너머에 혼자 앉아 있는 윤정이를 보았습니다. 은진이는 그 앞에서 안으로 들어갈까 말까 잠시 망설이다가 조심스레 분식집 문을 열었습니다. 구석에 혼자 앉아서 떡볶이를 기다리는 듯한 윤정이와 눈이 마주치자 은진이는 멋쩍게 웃어 보였습니다.

"안녕."

"아, 안녕."

은진이는 좁은 분식집 안을 힐끔거리다 윤정이 앞 의자에 슬쩍 걸터앉았습니다. 테이블이라고는 세 개밖에 없는데 일부러 다른 곳에 앉는 것도 이상할 것 같았습니다.

"시험 잘 봤니?"

"아, 그, 그냥."

윤정이 얼굴이 새빨개졌습니다.

"뭐, 윤정이 너야 잘 봤겠지."

"아냐!"

그냥 지나가는 말이었는데 윤정이는 정색을 하고 손사래를 쳤습니다.

"에이, 너 공부 잘하잖아."

윤정이는 침울해 보였습니다. 공부를 그만큼만 잘해도 소원이 없을 텐데 윤정이는 전혀 행복하지 않나 봅니다.

"아버지가, 이번에도 성적 안 오르면 두고 보자고 하셨어."

"어머, 진짜?"

은진이의 아버지도 엄격한 편이지만 그렇게까지는 무섭지 않으셨습니다.

"응, 오빠도 성적 떨어졌거든."

"아, 너 오빠 있구나."

"응, 오빠는 고등학생이야. 아빠는 오빠가 법대에 갔으면 하셔. 아빠처럼……."

"아, 그래? 그것 참 이상하지? 우리 큰아버지는 의사거든. 그래서 그런지 사촌 오빠보고는 의대 가라고 하셔."

"가끔씩은……."

윤정이는 튀김을 떡볶이 국물에 비비면서 중얼거렸습니다.

"응?"

"오빠 성적이 자꾸 떨어지면, 그리고 법대에 못 가면 아빠가 정말 오빠를 미워할지도 모른다는 생각이 들어."

은진이는 그날 아침 진희와 했던 이야기에 생각이 미쳤습니다. 어릴 때는 밥만 잘 먹어도 예뻐해 주셨던 부모님들이 한 살 한 살 커 가면서 조금 변한 것은 아닐까요? 그런데 부모님은 딸에게도 기대를 하시지만, 아들에게는 더 많은 기대를 하시는 것 같기도 합니다. 그래서 은진이도, 진희도, 그리고 윤정이의 오빠도 더 노력하는 것이 아닐까요? 아버지의 기대에 맞게 잘하고 싶어서 말이지요.

"그래도 다 윤정이 너네 오빠 생각하셔서 그런 걸 거야."

"잘, 모르겠어. 그냥 오빠가 걱정돼. 아빠는 너무 완고하시고 오빠는 늘 주눅이 들어 있는 것 같아."

"다 너희 오빠랑 너 올곧은 길로 가라고 그러시는 걸 거야. 공부 하나도 안 하고 못된 짓만 하고 다니는 아이를 잘했다고 감싸고 돌 수는 없잖아. 무조건 '오냐오냐' 하는 부모님 밑에서 자란 자식들은 어른 돼서도 아무것도 할 줄 모를 거야. 조금만 힘들어도 엄마만 찾을걸?"

"그, 그렇지만, 너무 엄하게만 해도 좋지 않아. 우리 오빠도 나중에는 다른 사람 처지를 전혀 이해하지 못하고 자기 말만 들어라 하는 아버지가 될지도 몰라. 우리 아버지처럼."

은진이는 사촌 오빠가 떠올라 그 말에 고개를 끄덕였습니다. 큰 아버지 앞에서는 한마디도 못하는 사촌 오빠가 은진이나 다른 사촌들에게 꼭 큰아버지처럼 굴곤 했습니다. 어쩌면 잘못된 사랑과 관심은 오히려 역효과가 나는지도 모르겠습니다.

"……반 아이들이 나 싫어하지?"

윤정이가 기운 없는 목소리로 물어 왔습니다. 은진이는 뭐라 답해야 할지 몰라 망설이다가 고개를 저었습니다.

"아니야, 아니…… 잘 모르겠어."

"싫어할 거야."

"왜 그렇게 생각해?"

"우리 엄마가 담임선생님한테 일주일에 한 번씩 전화하거든."

"어머, 왜?"

"엄마는 내 걱정을 해서 그러는 거라는데, 나 때문에 괜히 혼난 애들이 나 미워할 것 같아."

"어머니가 왜 그렇게 걱정하시는지 알아?"

"모르겠어, 엄마는 내가 어릴 때부터 그랬거든. 매일매일 학교에서 어땠는지, 누구랑 노는지 물어보고, 조금이라도 다른 애들이 괴롭히거나 뭐라고 하는 것 같으면 꼭 담임선생님한테 가서 걔 혼내 주라고 하고……"

"와, 정말 많이 신경 쓰시나 보다."

"그것뿐만이 아니야. 엄마는 나랑 오빠 밥 챙겨 주고 밤참 챙겨 주고 학원 갔는지 안 갔는지 체크하고 그러느라 바빠. 다른 일은 정말 하나도 안 하시는 것 같아."

"흠, 좋은 것 같기도 하고, 좀 심한 것 같기도 하고 그러네."

그때였습니다. 윤정이의 휴대전화가 요란하게 울렸습니다. 깜짝 놀란 윤정이가 얼른 분홍색 휴대전화를 잡아 들었습니다.

"여, 여보세요? 아, 엄마. 나 지금 학원 가려고요. 예, 좀 늦은 거 알아요. 배고파서 뭐 먹었어요. 학원 끝나면 아홉 시예요. 데리러 오실 거예요? 네."

짧은 통화를 끝내고 윤정이가 휴대전화 폴더를 닫았습니다. 은진이는 마지막 남은 떡볶이를 얼른 베어 물고 빙긋이 웃어 보였습니다.

"은진아, 나 그만 갈게."

"응, 내일 학교에서 보자."

"응."

# 3 사랑은 바뀌기도 할까요?

'당신은 사랑에 빠졌습니까?'

은혜는 주위에 아무도 없는 것을 확인하고 언니 은진이의 잡지를 다시 펼쳐 들었습니다. 이번 달 특집 기사는 '짝사랑 탐지기'였습니다.

그 잡지의 내용을 읽어 보니 은혜에게 해당하는 사항이 너무나 많았습니다. 지훈이를 보면 가슴이 뜁니다. 아파트를 나설 때면 혹시 지훈이가 있을까 싶어 샤샤샥 돌아보게 됩니다. 지훈이에게는 뭔가 특별한 것이 있다고 생각합니다.

　그런데 왜 그렇게 좋아하는 마음이 시간이 지나면서 없어지는 것일까요? 잡지 기사에 따르면 사랑에 빠진 사람들의 두뇌를 촬영했을 때에 반짝반짝 빛나는 부분이 나타났다고 합니다. 화를 내게 하는 부분은 어두워지고, 사랑하는 이를 원하는 부분은 밝게 달아오른다고 했습니다.

　사랑이란 정말 신비합니다. 사랑하는 사람들의 몸 안에서 생기는 화학 물질은 심장을 뛰게 하고, 땀이 나게 하고, 상대방의 나쁜 점도 보이지 않게 한대요. 은혜는 잠시 잡지를 놓고 생각해 보았습니다.

　가연이는 지훈이가 짓궂어서 싫다고 했습니다. 그렇지만 은혜는 지훈이의 그런 점이 오히려 더 좋았습니다. 지훈이와 마주치면 가슴이 마구 뛰고, 어쩌다가 이야기를 나누다 보면 손에 땀이 맺히기도 합니다.

　그러나 계속 읽어 가던 은혜의 얼굴이 흐려졌습니다. 전에 언니가 잠깐 했던 이야기의 내용 같았습니다. 헬렌 피셔라는 과학자가 말하기를 사랑의 유효 기간이 정말 2년 정도밖에 되지 않는다고 하네요. 길어야 4, 5년이면 처음에 느꼈던 사랑의 감정이 사라진다는데, 그러면 영원한 사랑은 없는 것일까요? 친가와 외가의 할머니와 할아버지의 거센 반대를 무릅쓰고 결혼했다던 은혜의 부모님이 가끔씩 다투시는 것도 어쩌면 그 사랑이 다 타 버려서인지 모릅니다.

"어머! 너 내 방에서 뭐하니!"

멍하니 생각에 빠져 있던 은혜가 깜짝 놀라면서 잡지를 덮었지만 이미 언니 은진이에게 들켜 버린 후였습니다.

"아아, 언니 왔구나."

"너, 내 잡지 읽고 있냐? 어린애들은 보면 안 되는 건데."

"체, 두 살 차이밖에 안 나면서 되게 어른인 척하네."

은혜가 입을 부루퉁 내밀며 잡지를 저쪽으로 밀어 버렸습니다. 언니 은진이가 새침한 얼굴로 잡지를 잡아채 책장의 책 사이에 끼워 넣었습니다.

"언니, 정말 사랑에도 유효 기간이 있나 봐."

"흥, 이제야 알았어? 전에도 얘기했잖아. 사랑이 평생 가면 왜 다들 싸우고 헤어지겠어?"

"그래도 죽을 때까지 행복하게 사는 사람들도 있잖아."

은진이가 무언가 말하려다가 입을 다물었습니다. 거기까지는 생각해 보지 못했나 봅니다.

"언니, 죽을 때까지 행복하게 사는 사람들은 4년마다 한 번씩 다시 사랑에 빠지고 또 4년이 지나면 다시 사랑에 빠지고 그러는 걸까?"

"글쎄, 처음 사랑할 때는 사람들이 좀 이상해지잖아. 4년마다 그렇게 이상해지는 것 같진 않아."

"맞아, 그럼 어떻게 해야 평생 행복하게, 사랑하면서 잘 살지?"

"뭐, 그거 알면 사랑하고 헤어지고 그러겠냐."

은혜가 오랫동안 생각하다가 천천히 말을 꺼냈습니다.

"언니, 어쩌면 다른 사랑으로 변하는 거 아닐까?"

"다른 사랑으로?"

"응, 친구들은 4년마다 바뀌지 않잖아. 가족도 4년마다 바뀌는 게 아니고. 그러니까 남녀 간의 사랑도 그것처럼 오래갈 수 있는 걸로 변하는 거지."

"에이, 그럼 그건 진짜 사랑이 아니잖아. 친구나 가족 아끼는 마음하고 사랑하는 건 조금 다르지 않아?"

은진이가 잡지를 뒤적이면서 대꾸했습니다. 은혜가 읽었던 그 기사를 다시 찾아보려는 것 같았습니다.

"우리가 생각하는 것과는 달리 친구 간의 사랑, 가족 간의 사랑, 남녀 간의 사랑이 비슷할지도 몰라. 엄마 아빠가 예전처럼 서로 뜨겁게 사랑하지는 않아도 한 가족으로서 그래도 서로 아끼고 보살펴 주고 그러시잖아."

"아, 여기에 써 있다. 사랑이 변하고 그러네. 처음에는 서로를 원하다가, 끌리기 시작하면서, 그 다음에는 애착으로 변한대."

기사를 제대로 찾은 은진이가 신나서 은혜에게 내밀어 보였습니다. 은혜는 아까 마저 읽지 못한 기사를 다시 살피며 고개를 끄덕였습니다.

"그러니까 사랑은 다 같은 사랑이지만 조금씩 다른 모습으로 변하는 거구나."

"응, 그런 것 같아."

그때였습니다. 누군가 방문을 똑똑 두드렸습니다. 은혜와 은진이는 약속이라도 한 듯 잡지를 베개 아래로 쏙 집어넣고 그 위에 기대어 앉았습니다.

"너희 둘 다 여기 있었구나, 출출하지 않니?"

불쑥 고개를 드민 사람은 다름 아닌 아버지였습니다. 은진이와 은혜는 힘차게 고개를 끄덕였습니다.

"맞아요, 배고파요!"

"밥 먹으러 나와라. 엄마가 부침개 했더라."

"네!"

둘은 아버지가 방문을 닫을 때까지 기다렸다가 안도의 숨을 내쉬었습니다. 그러고는 잡지를 꺼내 침대 밑에 잘 숨겨 두었습니다. 아버지는 사치 성향을 부추긴다는 십대 여학생들의 잡지를 별로 좋아하지 않았습니다.

## 사랑의 두 가지 양식 _ 소유와 존재

사랑에 대해 사람들이 종종 생각하는 또 하나의 편견이 있습니다. 그것은 처음 사랑에 빠졌을 때의 상태만 사랑의 진짜 모습으로 여긴다는 것입니다. 이는 사랑을 하게 되는 최초의 경험 이후에도 지속되는 사랑의 상태가 오히려 사랑의 전체 과정 중에서 더욱 많은 부분을 차지한다는 사실을 잊게 합니다. 사실 남녀 간에 처음 사랑에 빠졌을 때의 흥분과 격정은 매우 인상적입니다. 사람들이 첫사랑을 못 잊는 이유도 그 때문이지만 곧 권태와 실망으로 바뀌는 것 또한 자주 경험합니다.

그런데 그것은 사랑이 사라졌다거나 사랑의 감정이 식었다기보다 사랑의 후속 단계에 들어갔다는 표현이 옳습니다. 격정이란 본래 그 속성상 오래 지속될 수 없는 것이기 때문입니다. 실제로 초기 사랑의 격정 상태에서는 신체가 3단계의 활발한 화학 반응을 일으키는 것으로 밝혀졌습니다. 갈망, 이끌림, 지속적 애착이라고 이름이 붙여진 단계마다 특유의 화학 물질 분비를 담당하는 뇌의 활동이 급격하게 활발해짐을 쉽게 확인할 수 있습니다. 그런데 놀랍게도 물질에 대한 병적인 사랑, 즉 중독 상태에 빠진 마약 중독자와 남녀 간의 사랑에 빠진 사람의 두뇌 활동은 놀라울 정도로 비슷하며, 사랑에 빠진 사람이 실연으로 비탄에 빠지는 상태는 마약 중독자에게 마약을 주지 않을 때와 비슷한 상태가 됩니다.

특히 처음 사랑에 빠진 사람은 마치 마법에 걸린 것처럼 온 세상이 자신을 축복하는 것처럼 느낍니다. 그렇지만 이런 기특한 화학 반응은 극히 일시적이고 인간의 신체적 특성상 한계가 있습니다. 이와 같은 세로토닌, 도파민, 아드레날린, 옥시토신, 바소프레신과 같은 사랑 관련 호르몬의 농도가 높게 나타나는 것은 2년, 길어야 4, 5년 정도에 불과하다는 것이 생리학적 연구 결과입니다. 결국 4, 5년이 지나면 사랑의 화학 반응은 그들 스스로 촉매제와 첨가제를 이용해서 활성화해야 한다는 것입니다. 이런 점에서 사랑에 대한 에리히 프롬의 진단과 처방은 많은 시사점을 던져 줍니다.

에리히 프롬은《사랑의 기술》에서 사랑의 두 가지 양식을 '존재 양식(being mode)'과 '소유 양식(having mode)'으로 구분하면서, 사랑은 소유할 수 있는 물건이 아니라는 전제를 깔고 있습니다. 예컨대 황금 알을 낳는 거위를 잡아다가 배를 가르는 것이 잘못된 소유 양식이라면 거위가 건강을 유지하며 꾸준히 성장하도록 하는 것이 온전

한 존재 양식이라 할 수 있습니다.

연애 단계에서는 상대방에게 환심을 얻기 위하여 앎, 관심, 보살핌, 이해와 헌신, 공감 등으로 적극적인 구애를 합니다. 그렇게 함으로써 남녀의 사랑은 존재 양식을 유지한다고 봅니다. 그러나 결혼이라는 단계로 넘어가면서 남녀의 사랑은 대체로 존재 양식에서 소유 양식으로 전환됩니다. 결혼한 남녀는 연애 시절 상대방에게 구애하기 위하여 쏟았던 관심, 보살핌, 존경, 이해와 같은 사랑의 욕구를 애써 구하지 않아도 상대방의 감정과 육체를 소유할 수 있기 때문이지요. 따라서 시간이 흐르면서 관심과 이해와 보살핌과 같은 사랑의 배려는 점점 약해집니다. 마침내 더 이상 상대방에게 사랑의 감동을 기대할 수 없는 상황에 이릅니다.

이에 대해 에리히 프롬은 소유할 수 없는 추상적인 개념인 사랑마저도 소유할 수 있는 구체적 대상으로 착각하고 소유하려고 하는 데서 문제가 비롯된다고 지적합니다. 사랑이 식었다거나 사라졌다는 것도 실은 사랑이 존재 양식에서 소유 양식으로 전환되기 쉬운 단계에 들어섰다는 신호입니다. 여기서 사랑의 형식은 계속 존재 양식을 취해야 진정 행복할 수 있음을 시사하고 있습니다. 따라서 사랑은 소유양식이 아닌 존재 양식을 유지하는 한 계속된다는 것이 또 하나의 사랑 원리지요.

# 3

# 사랑의 여러 가지 모습

 많은 사람들은 사랑의 문제를 '사랑하는', 즉 사랑할 수 있는 능력의 문제로 보기보다는 '사랑받는' 문제로 보고 있다. 따라서 그들에게 중요한 문제는 어떻게 하면 사랑받을 수 있는가, 어떻게 하면 사랑스러워지는가이다.

– 에리히 프롬

# 1 모성애

은진이의 눈이 슬슬 감기려고 합니다. 그날 저녁에 어머니 말씀을 듣고 일찍 잘 것을 괜히 늦게까지 컴퓨터로 텔레비전 프로의 동영상을 본 탓입니다. 팔등과 허벅지를 꼬집어 보지만 별 소용이 없습니다. 은진이는 '에라 모르겠다'는 마음으로 그냥 책상에 엎드려 버렸습니다.

교실 앞 칠판에는 전날 텔레비전에서 본 지훈 오빠가 저 멀리에서 손을 흔들며 혀를 끌끌 차고 있습니다. '은진아, 은진아' 하고 이름을 부르더니 고개를 절레절레 흔들면서 책상 옆까지 와서 갑자기 15 곱하기 16이 뭔지를 묻습니다. 우물쭈물하는 은진이는 무언가 막대기 같은 물체가 저 위로 치켜지자 눈을 꼭 감아 버렸습니다.

"야! 박은진! 안 일어나!"

그 잘생긴 연예인이 소리를 지르는데 목소리는 어디서 들어 본 듯한…….

"이게 정말!"

옆구리를 사정없이 찌르는 손가락에 은진이는 벌떡 일어나며 눈을 떴습니다.

"으응, 뭐야, 뭐야?"

아직 흐릿한 눈으로 좌우를 돌아본 은진이는 신경질이 가득한 현이와 눈이 마주쳤습니다. 그만 꼬박 잠이 들어서 꿈을 꾸었나 봅니다.

"어이구, 입에 침까지 흥건해서, 여러 가지 하는구먼."

좀 전까지만 해도 화가 나 보였던 현이는 싱긋이 웃으며 가방에서 책을 꺼내 들었습니다. 은진이는 찔끔해서 입가를 손등으로 얼른 닦았습니다. 정말 축축한 것이 침을 흘리긴 했나 봅니다. 다른 사람들도 봤을까 싶어 얼굴이 빨갛게 달아올랐습니다.

"침만 아니었어도 자는 척하나 보다 했을 텐데."

"응? 자는 척?"

"너, 어제 윤정이랑 같이 분식집에 갔다면서! 너 걔한테 내가 뭐랬다고 일렀니?"

은진이는 아직 잠이 완전히 깨지 않았습니다. 눈가를 마구 비비면서 현이가 무슨 말을 하는지 생각해 보아도 시동이 걸리지 않아 무슨 소린지 알아들을 수가 없었습니다.

"윤정이 말이야. 내가 어제 재수 없다고 한 애."

"아아, 윤정이."

그제야 생각이 났습니다. 그 전날 분식집에 혼자 앉아 있던 윤정이와 떡볶이를 먹었던 얘기를 하는 거군요!

"어? 아……, 어제 은하수 분식점에 갔는데 걔 혼자 있더라고. 같은 반인데 모른 척하기도 뭐해서 같이 먹었어."

기억해 낸 자신이 대견스럽다는 듯 은진이는 미소까지 머금으며 고개를 끄덕였습니다. 그런 은진이를 한심한 듯 바라보던 현이가 은진이의 팔을 꼭 꼬집었습니다.

"아야!"

"너, 윤정이 걔한테 내 얘기 안 했지?"

"응? 니 얘기? 아, 아니 아니."

"어유, 걔네 엄마 정말 사이코란 말이야. 혹시 무슨 말이라도 들었다 하면 득달같이 전화 오고 애들 정학시켜라 어째라 뭐 그런다고 해서."

"어, 윤정이도 그러더라."

"어머, 윤정이 지도 인정하는 거야?"

현이가 토끼였다면 두 귀가 쫑긋이 바짝 섰을 것입니다. 호기심 가득한 현이가 눈을 동그랗게 뜨고 은진이의 대답을 기다렸습니다.

"응, 자기 엄마가 좀 과보호라서, 무슨 말을 못한대. 그래서 아무 말 안 하면 다른 데서 물어보고, 담임선생님한테도 일주일에 한 번씩 전화하나 보더라. 되게 무섭나 봐. 걔네 아버지도."

현이는 윤정이가 재수 없다고 했지만 사실은 아주 관심이 많았나 봅니다. 열심히 고개를 끄덕이며 은진이의 말을 듣다가 윤정이를 흘깃 쳐다보았습니다.

"관심이 과한 건가?"

"아니, 걔네 엄마가 제대로 사랑할 줄을 모르시는 거지."

"엥?"

윤정이를 바라보던 현이가 고개를 돌리며 반문했습니다.

"정말 자기 아이를 사랑하는 어머니는 그러지 않아."

"너, 뭐 잘못 먹었냐?"

"왜?"

"푼수 박은진이 갑자기 제법 철학적인 대답을 하니까 그렇지."

"이거, 정신분석학자 에리히 프롬이 한 말이라고."

현이는 눈만 껌벅거렸습니다. 은진이는 헛기침을 한 번 하고 죽 설명해 나갔습니다.

"거의 모든 어머니는 모성애가 있기 때문에 자기 아이를 사랑할 수 있거든. 아이가 어머니한테 아무것도 해 줄 수는 없어도 어머니는 무조건인 사랑을 주는데, 그게 좀 자아도취적인 면도 있어. 내 몸에서 나온 내 아기니까 나처럼 사랑하는 거야."

현이는 여전히 두꺼비같이 눈을 껌벅거리고 있습니다.

"내 몸 같은 어린아이를 사랑하는 건 쉽지만, 그 아이가 어른이 되면 상황이 달라지지. 점점 떠나보내야 하거든. 자식이 행복하도록 해 줘야 하는데, 자기가 낳은 갓난아이라고 여기고 사랑하는 어머니는 흔해도 제대로 떠나보낼 수 있는 어머니는 별로 없다는 거지. 그래서 또……."

"······박은진."

"응?"

"갑자기 너 되게 똑똑해 보여."

"내가 원래 좀 똑똑해."

은진이가 우쭐거리며 연필로 참고서를 똑똑
두들겼습니다.

"근데, 너 왜 공부는 못해?"

"이게!"

현이의 놀림에 발끈한 은진이가 또다시 현이의 팔뚝을 무자비하게 꼬집었습니다. 현이는 킥킥거리면서 웃다가 소리 없는 비명을 지르며 온몸을 틀어댔습니다.

"아아, 알았어, 그만 그만. 잘못했어."

현이가 괘씸한 듯 입을 삐죽이자 은진이가 그제야 현이를 놓아주었습니다. 현이는 꼬집힌 팔뚝을 세게 문지르며 은진이에게 물었습니다.

"저기, 근데 은진아."

"뭐?"

뾰로통한 은진이가 고개도 들지 않고 대꾸했습니다.

"자기 아이를 잘 떠나보내지 못하는 것도 사랑하기는 사랑하는 거겠지? 너무 사랑해서 못 보내는 것일지도 모르잖아."

"아니야."

은진이도 그 부분이 궁금해서 그 전날 저녁 에리히 프롬의 책을 다시 들춰 보았습니다. 그냥 일찍 잤더라면 아침에 이렇게 졸리지는 않았을 것입니다.

"그럼?"

"아무것도 할 수 없는 갓난아기를 사랑하는 건 쉬워. 그런데 정말로 사랑할 줄 아는 어머니는 다른 사람들도 사랑할 줄 알아야 해. 윤정이 어머니가 다른 아이들까지 사랑할 줄 아신다면 지금처럼 그러시지 않을 거야. 다른 아이들을 사랑할 줄 모른다는 건, 자기 아이도 이기적으로 사랑한다는 거거든. 그건 윤정이 어머니가 윤정이를 올바르게 사랑하는 것이 아니야."

"그것 참 복잡하네. 결론은 내 아이라고 그렇게 간섭하는 건 사랑이 아니다 이거지?"

"응, 그건 사랑보다도 이기심에 더 가까운 거야."

"그렇구나."

현이가 고개를 끄덕였습니다. 뭔가 심각해 보이는 표정이 석연찮아 이번에는 은진이가 현이의 옆구리를 찔렀습니다.

"근데 그건 왜 물었어?"

"음…… 난 있지, 우리 엄마는 윤정이 엄마와 견주면 정말 신경을 안 쓰신다고 생각했거든. 아아, 나는 버림받았구나, 우리 엄마는 나한테 관심이 별로 없으시구나 하고."

"흐음."

"초등학교 때 우리 반 애가 아주 못되게 군 적이 있었는데, 울 엄마는 그냥 그러셨어. 우리 현이한테 샘이 나서 그러는 모양이다.

왜 그러는지 물어보지 그러느냐고. 윤정이 엄마 같았으면 당장 학
교에 쳐들어와서 걔 혼냈을 텐데."

"헤헤, 우리 엄마도 너네 어머니 같으신데 뭐."

"그러게, 그러고 보니까 윤정이 걔 좀 불쌍하다."

현이는 미안한 얼굴이었습니다. 윤정이가 들을 수 있을 만한 거
리에서도 재수 없다고 투덜거렸으니 미안하기도 할 겁니다. 은진
이는 시계를 확인했습니다. 담임선생님이 오실 시간이었습니다.

## 2 형제애

"너무 너무 너무 너무 귀엽지 않니? 어우, 너무 귀여워 죽겠어!"

하얀 털이 복슬복슬한 강아지를 안아 올리며 진희가 호들갑을 떨어댔습니다. 평소 같으면 오버한다고 눈을 흘길 만한 현이까지도 입을 헤벌리고 만져 줄 만큼 예쁜 강아지였습니다. 진희는 버려진 강아지를 구해 주었다며 방과 후 시험도 끝났으니 꼭 강아지를 보러 오라고 현이와 은진이를 졸라댔습니다.

"어머, 정말 귀엽다. 그런데 이렇게 예쁜 강아지를 누가 버렸을까?"

"누구긴 누구야, 진성이같이 못된 놈들이지."

"진성이? 왜?"

"이 강아지 싫다고 다시 갖다 버리라잖아."

진성이와 진희는 쌍둥이 남매입니다. 학교도 같이 다니고 학원도 같이 다니면서 참 잘도 투덕거리고 많이 싸워댑니다. 은진이는 속으로 진희가 먼저 강아지를 찾은 것이 얄미워서 진성이가 그런 말을 했을 거라 생각했습니다.

"애도 나 처음 봤을 때부터 졸졸졸 쫓아오는 것이, 심상치 않았다니까."

그때였습니다. 마침 때를 맞추어 마당으로 고개를 내민 진성이가 또 진희를 약 올립니다.

"흥, 밥 줄 만한 사람처럼 보이니까 그러지, 뭐 네가 특별해서 그러냐? 네가 제일 만만하게 보여서 그랬을 거야."

"너어…… 죽을래?"

진희가 발끈하며 일어섰으나 진성이는 이미 집 안으로 쏙 도망간 지 오래였습니다. 그리고 진희의 화난 얼굴은 강아지가 낑낑거리는 모습에 금방 화악 풀려 버렸습니다.

"아유, 우리 예쁜이, 나 좋아서 그런 거지? 만만해서 따라온 거 아니지?"

현이와 은진이는 서로 마주 보며 그만 웃음을 터뜨렸습니다.

"근데 현이야."

진희가 끙끙거리는 강아지를 꼭 껴안은 채로 물었습니다.

"응?"

"나 자꾸 진성이가 놀려서 생각해 봤는데, 좀 그런 것도 있는 거 같아."

"뭐가 좀 그런 게 있어?"

"친구끼리는 평등할 것 같지만 그렇지도 않잖아. 예를 들어서 내가 수영이랑 친구라면……"

"하! 전교 1등 하는 수영이가 참 너랑 친구하겠다."

현이가 말도 안 된다는 듯이 대꾸를 했지만 진희는 속이 상하지 않았나 봅니다. 오히려 고개를 끄덕이면서 맞장구를 치네요.

"내 말이 그 말이야. 나는 수영이가 대단해 보이니까 쉽게 친구하고 싶은 마음이 들어도, 수영이는 나랑 친구 하고 싶은 마음이 없을 수도 있잖아. 그러니까 내가 보기에 나보다 괜찮아 보이는 사람, 어쩌면 나에게 이득이 될 것 같은 사람은 좋아하기가 쉽다는 말이야, 그렇지?"

"강아지가 밥 잘 주는
사람을 더 쉽게 좋아한다는
말이지?"
 진희가 화를 낼 줄 알았던 현이는
사색에 잠긴 듯한 진희의 태도에 좀 김이
빠져 버렸습니다.
 "응, 그런 거 말이야. 얘는 정말 예쁘고
귀여운 강아지니까 밥 챙겨 주는 것이

어렵지 않은데, 아주아주 못생긴 개였다면 이렇게 안 데리고 왔을 지도 몰라."

그때, 은진이가 끼어들었습니다.

"음, 진희야 있지. 나 지난 며칠간 생각해 본 것이 있거든."

현이가 휘파람을 불어 댔습니다.

"은진이가 요즘에 아주 똑똑해졌다오."

은진이가 현이를 세게 째려보는 척하자 현이는 강아지 같은 소리를 내면서 하얀 강아지를 진희에게서 받아 넘겼습니다. 현이는 과연 딴청의 여왕이군요.

"현이 넌 조용히 해. 하여튼, 사랑한다는 것이 기술이라고 한 철학자가 있거든."

"사랑이 기술이야?"

진희가 놀란 얼굴로 되물었습니다.

"너도 말했듯이, 예쁘고 귀여운 강아지를 좋아하는 거나, 공부 잘하는 친구가 마음에 드는 건 쉽잖아. 그렇지만 안 예쁜 강아지, 왕따 당하는 친구를 좋아하기는 쉽지 않으니까, 사랑하는 '기술' 이 필요한 거야."

"아, 내가 생각했던 것이 그거랑 비슷한 것 같아."

진희가 강아지를 현이에게서 받아 안으며 눈을 반짝였습니다.

"무슨 생각?"

"나 마음이 아주 좋지 않았거든. 이 강아지는 너무 귀엽고 예쁜데, 다른 개는 별로 안 예뻐했을지도 모른다는 거 있지. 그러니까난 다른 동물한테는 신경 안 쓰고 예쁜 강아지만 좋아하는 사람인가 해서."

"음, 나한테 도움이 되지 않아도 사랑할 수 있어야 하니까 사랑에도 기술이 필요한 것 같아. 불우한 이웃을 도우라는 것도 그렇잖아. 고아들이나 수해 피해 입은 사람들도 그렇고, 우리에게 도움을 줄 수 없는 사람들을 사랑하는 건 그렇게 쉽지 않으니까 노력하라는 거 아닐까?"

"맞아, 예쁜 강아지를 예뻐하는 건 굳이 노력하지 않아도 이렇게쉽잖아. 그런데 그건 별로 훌륭하지 않은 것 같아. 나하고 별로 상관없고 도움도 안 될 사람한테 마음 써 주는 것이 훨씬 더 훌륭한일일 거야. 나 앞으로 더 노력해야겠어."

한결 마음이 놓인 듯한 진희가 눈이 감기려는 강아지를 쓰다듬으며 중얼거렸습니다.

# 3 신을 향한 사랑

은혜는 굽이 꽤나 높은 갈색 구두를 신고 집을 나섰습니다. 반에서도 키가 제일 작은 축에 드는 은혜는, 어머니가 꾸중을 해도 꼭 굽 높은 신발을 신고 다녔습니다. 일요일 아침, 늦잠을 잘 만한 은혜가 아침 7시에 눈을 번쩍 뜬 이유는 바로 지훈이 때문입니다. 지훈이는 교회에 다니거든요. 이번 주가 마침 전도 주간이라서 친구들을 많이많이 데려가야 한대네요. 며칠 전 친구 용찬이에게 더듬거리며 전도하려는 지훈이를 보고 은혜는 얼른 지훈이에게 다가갔습니다. 그리고 용찬이에게 거절당하고 멋쩍어 하는 지훈이에게 같이 가 주겠다고 하면서 점수를 왕창 얻었습니다.

앗! 아파트 정문 앞에 지훈이가 서 있습니다. 은혜는 조금 헐렁한 구두 때문에 불안정한 걸음을 최대한 빨리 재촉했습니다.

"은혜, 정말 왔구나!"

"그럼, 내가 간다고 했잖아."

지훈이의 얼굴에는 환한 미소가 가득했습니다. 지훈이는 모를 겁니다. 한 번도 교회나 절에는 가 본 적이 없는 은혜가 인터넷에서 성경 요약까지 검색했다는 것을요.

"은혜 네 이름 때문에 교회에 나가는 줄 알았어."

"내 이름? 교회 다니는 사람들 이름이야?"

"응. 은혜, 한나, 사라…… 뭐, 이런 이름."

"흠, 그렇구나."

사랑교회는 그리 멀지 않았습니다. 은혜는 지훈이와 조금 더 같이 걸으면서 이야기를 하고 싶은데 5분도 되지 않아 교회의 입구에 다다랐습니다.

"그런데, 지훈이 너 전도한 사람이 나밖에 없어?"

"으응, 내가 아는 애들은 벌써 다 교회 다니거든."

역시, 지피지기면 백전백승이라는 말이 맞았습니다. 지훈이가 다니는 교회에 나갔더라면 어떻게 친해질까 하는 고민도 할 필요가 없었을 텐데요.

교회의 문 앞에는 대학생으로 보이는 언니 오빠들이 도착하는 사람들에게 반갑게 인사를 하며 무언가를 나누어 주고 있었습니다. 그중 하얀 티셔츠를 입은 언니가 은혜를 맞았습니다.

"어머, 지훈이 새 친구 데리고 왔구나. 이름이 뭐예요?"

"저는, 은혜요. 박은혜."

"전에 교회에 와 본 적 있어요?"

"아뇨, 처음이에요."

"아휴, 반갑습니다. 조금 있다가 성경 공부 시간에 봐요."

"네."

은혜는 인사를 하고 예배당 안으로 들어섰습니다.

# 4 사랑의 종류

"사랑에는 여러 가지 종류가 있습니다. 우리가 흔히 생각하는 사랑은 에로스적 사랑입니다. 에로스는 이성 간의 사랑을 뜻합니다. 그렇지만 그리스 사람들은 사랑에 대해 여러 가지 다른 정의를 내렸습니다. 부모가 자식을 사랑하고, 친구들끼리 사랑하고, 그리고 하나님이 우리를 사랑하시지요. 그 사랑을 아가페라고 합니다."

목사님의 말씀이 이어졌습니다. 은혜는 분명히 처음 교회에 온 것인데 목사님이 하시는 말씀이 어디선가 들어 본 듯했습니다. 예전에 어머니가 하시던 말씀과 어딘가 비슷했습니다. 어머니도 사랑에는 여러 가지가 있다고 하셨거든요.

"사람이 죄를 지어 하나님과 멀어졌지만 인간을 무조건적으로 사랑하신 하나님은……."

앗! 이 부분도 비슷했습니다. 은혜의 어머니는 아이와 어머니가 한 몸이었다가 멀어지면서 다시 누군가와 하나 되기를 원한다고 했습니다. 두 가지 사랑 모두가 한 몸처럼 가까웠던 두 사람이 헤어지면서, 다시 합치기를 원하는 마음이 생기는 거니까요.

너무 열심히 들으며 고개를 끄덕이는 은혜가 신기했나 봅니다. 지훈이가 은혜의 옆구리를 살짝 찌르면서 종이쪽지를 넘겼습니다.

'너 되게 열심히 듣는다.'

은혜가 방긋이 웃으며 답장을 씁니다.

'응, 재미있는데.'

'난 너 지루해서 죽을까 봐 걱정했어.'

'지루해지면 얘기할게.'

'이젠 너무 늦었어. 예배 끝날 때까지는 쭉 앉아 있어야 해.'

'흠, 나 뭐 물어볼 것 있어.'

'뭔데?'

은혜는 그날 저녁에 벼락치기한 《성경》 공부 지식을 기억하려 애썼습니다. 그냥 지훈이를 따라온 것이 아니라 종교에 조금 관심이 있기 때문에 온 것으로 보이고 싶었거든요.

'《성경》에서 하나님은 남자야 여자야?'

지훈이가 잠시 망설였습니다.

'남자인 것 같아.'

'아버지의 사랑은, 조건이 있는 사랑이잖아. 사랑을 받고 싶으면 이렇게 저렇게 해야 한다는 건데, 아까 목사님이 말씀하시기로는 무조건적인 사랑이라고 하셨어.'

'흠, 그렇지만 십계명도 있고, 율법도 있는걸.'

'그건 아버지의 사랑이 맞는 것 같고.'

'하지만 신약에서는 율법을 꼭 지키지 않아도 된다고 하니까.'

'무조건적인 사랑은 어머니의 사랑이야.'

긴 이야기를 연필로 적으려니까 시간도 많이 걸렸습니다. 지훈이는 답을 쓸까 말까 망설이는 듯하더니 짧게 적었습니다.

'나중에 우리 《성경》 공부 가르쳐 주시는 선생님한테 더 물어볼게.'

"신을 향한 사랑은, 제일 근본적인 사랑이야."

공과 공부 선생님의 무거운 한마디에 은혜는 갑자기 불안해졌습니다. 괜히 이것저것 물어본다고 했다가 아주 어려운 설교를 몇 시간 들어야 하는 건 아닐까요? 꼼짝할 수도 없이 공과 공부 교실에 딱 갇혔는데 말이죠. 게다가 교실 문은 선생님 등 뒤에 있습니다. 그리고 지훈이는 어디로 갔는지 보이지 않습니다.

"네? 네."

은혜는 자신이 땀을 뻘뻘 흘리는 것은 아닐까 의심스러웠습니다. 너무도 심각하게 들리는 그 말에 엄청 당황해 버렸거든요.

"지훈이가 그러더구나. 은혜가 하나님의 사랑은 어머니의 사랑인지 물어봤다고? 아주 좋은 질문이야. 교회에 어렸을 때부터 다니던 아이들은 그런 질문은 잘 하지 않거든."

"아, 네."

은혜는 불편하게 웃으며 주위를 돌아보았습니다. 지훈이는 여전히 보이지 않습니다.

"그렇지만 은혜처럼 처음 오는 사람에게는 먼저 어머니의 사랑 같은 사랑을 말한단다. 예수님은 우리 모두를 사랑하신다, 그런 거지."

다행히 처음만큼 그리 어려운 말은 아니라서 은혜는 선생님의 말씀을 다시 되새겨 보았습니다. 그러고 보니 이모와 함께 절에 갔던 기억이 났습니다. 부처님도 우리 모두에게 자애롭다고 했으니까 비슷한 것 같았습니다.

"예수님이 우리 모두를 사랑하신다는 건 사실이란다. 그렇지만 은혜가 점점 더 하나님에 대해 알면 알수록, 아버지의 사랑으로 바뀌어 가."

"아! 그럼 이런저런 것을 해서 신을 더 기쁘게 해야 하는 건가요?"

은혜는 도망가려고 했던 마음이 싹 가셨습니다. 이미 생각해 보았던 부분이라서 신이 났던 거지요.

"그래. 물론 하나님은 죄인인 우리를 사랑하시지만, 하나님을 사랑하는 신자로서 해야 하는 것도 있어. 불우한 이웃을 돕고, 기도하고, 하나님의 말씀도 전하고……."

'불우한 이웃 부분은 절에서도 비슷한 걸. 불공을 드리는 거하고 기도하는 것도 비슷해.'

은혜는 이모가 절에 다니는 것을 떠올리며 속으로만 중얼거렸습니다. 사실 종교는 잘 모르지만 비슷한 점이 꽤 있어 보였습니다.

"그렇게 하나님께 가까이 가는 거야."

"아! 그럼……."

어머니가 하셨던 말씀과 뭔가 맞아 들어가는 것 같아 은혜는 자기도 모르게 손뼉을 쳤습니다.

"응?"

"신과 가까워지고 싶은 거군요! 어렸을 때는 어머니의 사랑을 받다가 점점 자라면서 다른 사람들에게서 멀어지고, 그래서 사랑을 찾고, 신과도 가까워지고 싶은 거예요. 멀어지는 만큼 더 가까워지고 싶으니까요!"

공과 선생님은 잠시 아무 말 없이 눈만 껌벅였습니다. 은혜는 선생님이 큰 눈을 껌뻑이는 모습이 두꺼비랑 비슷하다는 생각이 들어서 그만 킥 웃어 버렸습니다.

"은혜는 생각이 많은 것 같구나."

"네, 제가 철학을 좀 좋아해요."

우쭐해진 은혜가 어깨를 으쓱했습니다.

"흠흠, 그러면 이 얘기도 아니?"

"헤헤, 어떤 이야기요?"

공과 선생님이 헛기침을 몇 번 하다가 성경책을 닫으셨습니다.

"무언가 합일, 그러니까 하나가 되는 거지. 가까이 간다고도 말할 수 있고. 합일되고 싶은 대상을, 사람들은 처음에 동물이나 나무 같은 것에서 찾았어."

은혜는 눈을 반짝였습니다.

"이집트에서 신을 조각한 나무 같은 거 텔레비전에서 봤어요. 여우나 곰 같은 그런 동물들을 신으로 섬겼대요. 고양이도 신이었다고 하던데요!"

"응, 그래. 요즘에도 원시 부족은 동물 가면을 쓰고, 동물을 신으로 숭배하고 그래."

"그러니까 그 동물과의 합, 합일? 하나가 된다가 합일 맞지요?"

"응, 합일된다고 생각해서 그래. 그렇지만 조금 더 발달한 사회에서는 달라. 그냥 동물을 잡아먹는 게 아니라 손으로 농사도 짓고, 도자기도 만들고 그렇게 변하면서……."

"흠, 도자기하고 합일되나요?"

은혜는 원시인들이 곰 가죽을 쓰고 모닥불 주위를 돌면서 춤추는 것은 상상이 되어도 도자기를 껴안고 뛰는 것은 상상이 잘 되지 않았습니다. 농사를 짓는다면 호미나 괭이를 붙잡고 춤을 출까요?

"아니, 진흙이나 은이나 금 같은 것으로 만든 우상을 숭배하는 거지."

"아아, 그렇군요. 이집트 신상도 그런 거죠? 동물 가죽이 아니라 동물 모양으로 만든 조각에 금을 덧씌운 거니까요."

"그래, 은혜가 잘 알고 있구나. 그렇지만 그런 사회가 조금 더 발달하면, 신에게 사람의 모습을 부여하는 거야. 부여한다는 말 아니? 준다는 말이야."

"아, 그럼 그래서 '어머니 같은 신', '아버지 같은 신'이 생기게 된 거군요!"

공과 선생님이 고개를 끄덕였습니다.

"어머니의 위대한 사랑은, 우리 모두가 다 원하는 사랑이기 때문에 다른 종교에서도 쉽게 찾아볼 수가 있어."

"성모 마리아처럼 말이죠!"

은혜는 한 번도 성당에 가 본 적이 없지만, 그 전날 인터넷에서 검색을 하면서 성당과 교회는 그 점이 다르다는 것을 알았습니다. 성당에는 성모 마리아가 있지만 개신교 교회에서는 성모 마리아에게 기도하지 않는다고 하네요.

"그래, 개신교에서는 성모 마리아에게 기도하지 않으니까 어머니 같은 하나님의 사랑은 없을 것 같은데, 그렇지도 않아. 우리가 무엇을 하든지 신의 사랑을 얻을 수 없다고 루터가 그랬거든."

"루터? 에, 어쨌든, 그럼 우리를 사랑하지 않으시는 거예요?"

아까는 분명히 우리 모두를 사랑하시는 하나님이라고 그러지 않았던가요?

"그런 말이 아니고, 하나님은 우리를 무조건 사랑하시는 거야. 아무리 좋은 일을 해도 그 일 때문에 우리를 더 사랑하는 것은 아니라는 말이지."

흐음, 은혜는 고개를 까딱였습니다. 물론 사랑해 주는 것은 좋지만, 잘했을 때 더 사랑해 주신다면 더 많이 좋을 텐데요. 부모님이 당연히 은혜를 사랑하시지만 성적이 아주 잘 나오면 더 예뻐해 주시는 것처럼 말이죠.

"네에에에."

"은혜는《성경》이야기 잘 아니?"

"에, 사실은 어제 벼락치기 공부했어요. 헤헤헤."

선생님이 빙긋이 웃으며《성경》을 다시 펼치셨습니다. 그렇지만 은혜는 아까처럼 그렇게 불안하지 않았습니다.

"아담과 이브의 이야기 알아?"

"네, 무슨 사과를 먹었다가 쫓겨났대요."

"어떻게 보면, 그건 처음 종교의 모습일 거야. 질투심 많은 신이, 인간이 지혜의 열매를 먹고 신처럼 되지 않도록 쫓아내는 거지."

"무서운 신도 있어요. 그, 뭐지, 홍수로 사람을 다 죽였잖아요!"

그 생각을 하면서 은혜는 잠시 소름이 돋았습니다. 딱 한 가족만 남기고 싹 쓸어버리는 신은 좀 너무한 것 같았거든요.

"그래, 자신이 창조한 사람을 자신의 재산으로 보고 멸망시키는 단계야. 아브라함에게 네가 나를 사랑하면 아들을 죽여 재물로 바치라고 명령하신 것도 비슷하지."

"헉! 아들을 죽이라고요? 그래서 죽였나요?"

깜짝 놀란 은혜가 자리에서 반쯤 일어서면서 물었습니다. 기독교 하나님은 정말 엄하신 신이었군요!

"아니, 아니. 그리고 하나님은 노아와도 약속하셨어. 다시는 인류를 멸망시키지 않겠다고 약속하셨거든."

"휴우, 다행이네요."

그제야 은혜는 한숨을 내쉬며 다시 자리에 앉았습니다. 아직 교회 신자는 아니지만, 온실 효과로 사람들을 숨 막히게 한다든지 홍수를 내고 싶어 하는 신이 어딘가에 있으면 어떻게 하나 하는 마음에 왠지 불안해집니다.

"그 다음으로는 사람의 형상을 떠난 신이야. 《성경》에서는 하나님을 '스스로 있는 자'라고 하거든. 그렇지만 그건 다음 주에 얘기하도록 하자. 지훈이가 밖에서 기다리는 것 같구나."

"아!"

그만 지훈이를 잊고 있었습니다. 은혜는 얼른 창밖을 내다보았습니다. 지훈이가 손을 흔들어 보였습니다.

"은혜 다음 주에도 올 거니?"

"에헤헤, 지훈이가 가자고 하면요."

"하하, 지훈이가 인기가 많구나."

딱 알아챈 선생님이 은혜에게 윙크를 해 보였습니다. 은혜는 얼굴이 빨갛게 달아올랐습니다.

"아, 아니, 그런 거 아닌데……."

"지훈이에게 말 안 할게. 이건 우리 둘만의 비밀로 하자. 대신 다음 주도 온다고 약속해야 한다."

"아이, 그, 그게……."

어떻게든 설명하려던 은혜는 교실 문을 열고 들어오는 지훈이와 마주쳐 억지웃음을 지어 보였습니다. 선생님은 이미 가고 없었습니다.

"어땠어?"

"으응, 재미있었어."

"정말? 너 참 이상해."

지훈이가 이상하다는 듯 고개를 갸웃거렸습니다.

"왜?"

"다 지겹다고 도망갔을 텐데. 저 선생님 어려운 말로 설교하기로 유명하시거든."

"아냐, 진짜 재밌었어."

은혜가 열심히 고개를 끄덕였습니다.

"다음 주에도…… 올 거야?"

지훈이가 수줍은 미소를 지으며 물었습니다. 은혜는 역시 벼락치기지만 공부하기를 잘했다는 생각을 하며 고개를 끄덕였습니다.

# 5 남자와 여자의 사랑

"안녕하세요."

은진이는 현이 집에 들어서자마자 현이 어머니께 90도로 인사를 했습니다.

"응, 현이 친구 왔구나. 이름이 뭐니?"

"은진이요."

"그래, 어서 들어가라. 금방 간식 해다 줄게."

현이가 은진이의 옆구리를 푹 찔렀습니다. 은진이는 현이의 어머니가 부엌으로 들어가자마자 안도의 한숨을 내쉬었습니다.

"히히, 우리 엄마 오늘은 안 무섭네."

"야, 너희 엄마 무지하게 무섭다고 해서 나 얼마나 졸았는데!"

호랑이가 따로 없는 슈퍼 어머니라고 현이가 겁을 주었지만 현이 어머니는 아주 상냥하신 것 같았습니다. 은진이는 얄미운 현이를 꼬집어 주면서 현이 방으로 쏙 들어갔습니다.

"와, 네 방 되게 크다!"

"응. 이거 우리 둘째 언니 방이었는데, 언니가 기숙사 있는 대학으로 갔거든."

"어머, 둘째 언니가 벌써 대학에 갔어?"

"아휴, 우리 집에는 언니만 셋이야. 내가 넷째고 내 밑으로 남동생이 하나 있어. 큰 언니는 외국으로 유학 갔고 둘째 언니는 대학 갔고, 셋째 언니는 고등학교 다녀."

"응, 그 언니는 나도 봤어. 진이 언니."

"맞아. 앗, 잠시만."

현이가 가방을 던져 놓고는 얼른 방문에 귀를 기울였습니다.

"뭐해?"

"히히, 둘째 언니 전화 왔다. 금방 온대. 빨리 책 꺼내."

"뭐?"

"아휴, 조용히 하고 빨리 책 꺼내. 공부하는 척해야 해."

현이의 성화에 은진이는 어리둥절하기는 했지만 가방에서 책을 꺼냈습니다. 시험공부를 같이 하자는 핑계로 현이네 온 것이긴 하지만 사실은 오후 내내 놀 생각이었거든요.

"우리 엄마 들어오면 아주 공부 열심히 하는 것처럼 해야 해. 알았지?"

"무슨 일인데 그래?"

"둘째 언니 오면 알 거야. 금방 들어온다고 그러는 것 같으니까 기다려."

은진이는 무지하게 궁금했지만 똑똑 문 두드리는 소리에 깜짝 놀라며 참고서를 집었습니다. 현이 어머니가 주스 두 잔과 과자가 가득한 접시를 들고 오셨습니다.

"아휴, 기특하기도 하지. 벌써 공부할 준비 끝냈구나."

"네."

현이 어머니가 간식거리를 탁자에 놓으셨습니다. 현이는 별 내색 없이 주스 잔을 집어 들었습니다.

"오늘까지 시험 범위 다 하려면 요만큼 해야 하는구나."

"으응?"

은진이는 뭐라 대꾸해야 할지 몰라 잠시 헤맸습니다.

"공부들 하고, 배고프면 얘기해라."

"네."

현이 어머니가 방을 나가시자마자 은진이는 현이를 붙잡아 물었습니다.

"시험범위가 뭐? 우리 시험 보냐?"

현이는 킥킥 웃으면서 참고서를 그만 덮어 버렸습니다.

"히히, 오늘 아니면 구경하기 힘든 시추에이션이 벌어진단 말이지. 자, 조용히 하고 방문에 귀 기대고 있어. 앗!"

그때였습니다. 현관 초인종 소리가 집 안에 쩽쩽 울렸습니다. 현이는 검지를 입술 앞에 대면서 조용히 하라는 눈짓을 했습니다. 은진이도 현이처럼 방문에 귀를 대었습니다.

"엄마! 정말 이러기에요!"

"뭘?"

"시치미 떼지 말아요! 아빠가 오늘 전화했단 말이에요!"

현이의 둘째 언니는 화가 아주 많이 난 목소리였습니다.

"애, 조용히 해라. 현이 시험 기간이라서 공부한다."

"아빠가 뭐라 그러신지 아세요? 연애할 시간 있으면 아르바이트 해서 학비나 내래요!"

현이의 눈이 딱 두 배로 커졌습니다. 그리고 은진이 역시 감을 잡았습니다. 둘째 언니에게 애인이 생겨서 현이 아버지가 언니에게는 용돈을 안 주시나 봅니다.

"그래, 맞는 말씀하셨네."

"엄마!"

둘째 언니의 고함에 깜짝 놀란 현이와 은진이가 동시에 몸을 움츠렸습니다.

"얘가 어디다 소리를 지르고 그래?"

"아유, 엄마, 그러니까……."

현이 어머니가 헛기침을 몇 번 하셨습니다. 이번에는 현이 둘째 언니 목소리가 사정조로 바뀌었습니다.

"아주 괜찮은 사람이에요. 엄마 아빠도 만나 보시면……."

"몇 살이니?"

"나보다 한 살 많아요. 법대생이고요, 정말 좋은 사람이에요. 아빠는 공부나 열심히 하라고 하시지만, 요즘에 남자 친구 없는 애가 어디 있어요?"

현이가 소리 없이 웃으며 은진이의 소매를 잡아끌었습니다.

"우리 언니가 지금 연애 중이거든. 난 언니가 그 남자 친구랑 전화하는 거 몇 번 들어서 알고 있었는데 아빠는 어제 아셨나 봐. 그 오빠도 뭐, '너를 위해서 나는 죽을 수도 있어' 이런 문자 보내고 그러더라고."

은진이가 헉 하고 숨을 들이켰습니다.

"있지, 울 언니 남자 친구 질투도 무지하게 많은지, 언니 휴대전화에 있는 다른 남자 번호는 다 지웠다. 다른 남자한테는 웃어 주지도 말라고 그러던데?"

지난 며칠 동안 '사랑'이라는 주제로 많은 생각을 해 왔던 은진이는 또다시 생각에 빠졌습니다. 어머니의 사랑은 아이들 모두에게 해당이 되고, 진희가 강아지를 사랑하는 것도 예쁜 강아지에게는 다 해당되는데 남녀 간의 사랑은 그렇지 않다는 것을 갑자기 깨달았기 때문입니다. 다른 남자에게는 웃지도 말라는 말 역시 자기만의 사랑이 되었으면 해서겠지요?

"경이 네 말을 믿지 않는 건 아닌데, 네 나이 때에 그렇게 심각하게 사귈 필요 없잖니. 그 애하고만 붙어 다닌다면서."

"사랑하니까 그렇지! 엄마도 아빠 사랑해서 결혼했잖아요. 사랑하는 사람하고 매일매일 같이 있고 싶고, 얘기하고 싶은 마음 엄마도 잘 알잖아요."

현이가 언니의 그 말을 듣고는 얼굴을 찡그리며 팔뚝을 긁어대었습니다. 닭살 돋는다는 뜻이겠지요?

"어학연수도 같이 가자고 했다면서?"

"그, 그건 어떻게 아세요?"

현이와 은진이의 눈이 또 마주쳤습니다. '어머나 세상에' 하면서 말이지요.

"경이야. 사랑하면 다 그렇다는 건 아는데, 사랑에 빠지는 건 오래가야 몇 달이야."

은진이가 무심코 고개를 끄덕였습니다. 그건 은진이도 읽어서 아는 바였습니다. 2년밖에 안 간다고 했던가요?

"아냐, 엄마. 우리는 평생……."

"처음이니까 새롭고, 서로 알게 되는 것이 신기하고, 이런저런 얘기하면서 밤새는 줄 모르고 그러는 거 엄마도 다 알아. 그렇지만 몇 달 지나면 시들해질 수도 있어. 그럼 다른 사람을 찾게 되는 거고."

"우리 벌써 만난 지 두 달이나 됐다고요!"

"평생 한마음으로 살 수 있을 것 같지만 그렇지 않아. 사랑은 그냥 마음이 아니라 결단이 필요하거든."

한마음으로 산다는 말은 하나가 된다는 것을 다르게 표현한 것일까요? 어쩌면 남녀 간의 사랑 역시 하나가 되고 싶은 마음으로 가까워지다가도 완전한 하나가 될 수 없어 오히려 더 멀어지는 건지도 모릅니다. 그런데 '결단'이라는 건 또 무슨 뜻일까요?

"난 죽을 때까지 오빠만 사랑할 거예요. 오빠도 바로 결혼하고 싶다고 했어요."

경이 언니의 풀 죽은 목소리에 현이 어머니가 혀를 차셨습니다.

"경이야, 사랑을 하면 처음에는 마음으로 시작할지 몰라도, 그다음부터는 결단이 필요해. 무슨 일이 있어도 이 사람을 믿고 사랑하고 위하겠다는 그런 결단이 있어야 견딜 수 있는 거야. 사랑에 눈머는 건 길어야 몇 년이야."

은진이는 자기도 모르게 '2년이오!' 하고 말하려다 입을 막았습니다. 현이는 뭐가 못마땅한지 귀를 떼고 입술을 삐죽였습니다.

"뭐야, 난 둘째 언니 연애 얘기 듣고 싶었는데 엄마 잔소리밖에 못 듣네. 근데 은진아, 네가 생각해도 우리 언니가 진정한 사랑을 찾은 것 같아? 우리 언니 말하는 거 보면 이건 완전히 세기의 로

맨스거든."

현이가 은진이의 귀에 속삭였으나 은진이는 다른 생각에 폭 빠져 있었습니다.

사랑은 기술이라고 했거든요. 그렇기 때문에 사랑하는 방법을 배워야 합니다. 물론 저절로 마음이 가는 사람이 있기 때문에 사랑은 마음에 맞는 상대에게 '주는 것'이라고 생각하지만, 이젠 은진이도 어느 정도 확신할 수 있습니다. 사랑하는 법은 배워야 합니다. 현이 어머니 말씀대로 노력하지 않아도 되는 사랑이지만 몇 년 지나지 않아 그 처음의 마음이 없어져도 사랑할 수 있도록 말이죠. 은진이의 어머니는 그 방법을 배우셨을 거라고 생각했습니다. 그러니까 불타는 사랑이 없어진 다음에도 아버지와 화목한 가정을 꾸려 가시는 거겠지요.

"현이야."

"응?"

"너희 어머니 말씀이 맞아."

"엥, 그게 무슨 소리야?"

현이가 어리둥절한 표정으로 은진이를 바라보았습니다.

"연애 감정은 한 2년 정도 간대. 오래가 봐야 3, 4년 정도. 어떤 과학자가 그랬어."

"진짜야? 그럼 그 다음은? 영원한 사랑은 없는 거야?"

많이 실망한 듯한 현이가 되물었습니다. 은진이는 생각을 정리하려 잠시 머뭇거리다 입을 열었습니다.

"너희 어머니가 말씀하시는 것처럼, 연애할 때 마음이 평생 갈 거라고 생각하면 곤란해. 사랑하는 마음은 없어지니까, 그 다음에도 같이 행복하려면 노력해야 해."

"노력?"

"응. 사랑하는 방법을 배우는 거야. 그러고 나서는 사랑하겠다고 결심하고 그 사람을 사랑해야 하는 거야. 왜 결혼식에서 그러잖아. '검은 머리가 파뿌리 될 때까지, 힘들 때나 좋을 때나 함께하겠습니까?' 뭐 그런 거."

"그거야 사랑하니까 그럴 수 있는 거지."

"아냐. 그 말은 있지, 저절로 사랑할 수 있는 마음이 사그라져도 서로를 사랑할 수 있게 노력하라는 거야. 그냥 마음만으로는 안 돼. 또다시 약속을 하는 거야. 그래서 연애할 때의 마음을 친한 친구를 사랑하는 마음으로 바꾸어 가든가 하면서 그 약속을 지키는 거지. 언제 변할지 모르는 마음만 가지고는 약속할 수가 없잖아."

현이가 한참 듣다가 천천히 고개를 끄덕였습니다.

"은진아, 아마……."

"응?"

"그래서 우리 부모님도 지금까지 같이 사시나 봐. 가끔씩 다투시면서도 말이야."

"응, 우리 부모님도 그래."

"약속 지킨다니까 괜히 멋있는걸? 의리 있어 보여."

현이는 은진이가 한 말을 곱씹어 보는 듯합니다. 은진이는 피식 웃으며 현이를 잡아끌었습니다.

"자, 그럼 우리는 수학이나 사랑해 주자고. 나 오늘부터 결단 내렸어. 이놈의 수학 그냥 막 사랑해 버릴 거야."

"아휴, 얘는 꼭 분위기를 그렇게 깨요."

현이가 투덜거리며 참고서를 펼쳤습니다. 방 밖에서도 아무 소리가 들리지 않는 것을 보니까 경이 언니와 어머니는 다른 방으로 들어가서 이야기를 나누는 것 같습니다. 은진이는 심호흡을 몇 번 하고 수학 교과서를 펼쳤습니다.

# 6 윤정이 구출 회의 - 자기애

"저, 저기. 은진아."

점심 시간입니다. 종이 울리자마자 현이와 함께 매점으로 달려 가려던 은진이를 윤정이가 불러 세웠습니다. 윤정이는 인상을 쓰고 있는 현이를 보고 말할까 말까 망설이는 듯했습니다.

"자, 잠깐…… 잠깐 얘기해도 되니?"

은진이의 팔목을 잡고 있던 현이가 은진이를 놓아 주면서 코웃음을 쳤습니다.

"자리 비켜 달라는 거야?"

"아냐. 현이, 현이도 같이 오면 더 좋은데."

"흠, 그러니까 점심 같이 먹자 이거지?"

괜히 시비를 거는 현이에게 은진이가 눈을 흘겼습니다.

"아휴, 윤정아 현이 신경 쓰지 마. 같이 가서 점심 먹자."

조금 화가 난 듯한 현이가 큰 걸음으로 앞서 갔습니다. 은진이는 불안해 하는 윤정이에게 한쪽 눈을 찡긋해 보였습니다.

"그런데 윤정이 너 무슨 얘기하려고 부른 거야?"

"저기, 우리 엄마 말이야, 전에 나 분식집에 있었다고 아주 화 내셨거든."

"왜 화를 내셔?"

"불량 식품 먹으면 저녁 내내 집중도 안 되는데 먹었다고. 그런데 친구랑 같이 있었냐고 하셔서 그랬다고 말해 버렸거든."

"응."

"어쩌면 우리 엄마가 은진이 너한테 전화하실 지도 몰라. 나 꼬여서 불량 식품 먹었다고 화 내실지도……."

그때였습니다. 현이가 홱 돌아섰습니다.

"뭐야? 널 꼬여서 불량 식품을 같이 먹어? 너, 너희 엄마한테 은진이가 꼬였다고 말한 거야?"

"아냐, 아냐, 우리 엄마 워낙 내 일이라면 오버하셔서 그래. 어떻게든 알아내실 거니까."

"어우, 너 정말 재수 없는 거 아냐?"

현이가 그만 그 말을 내뱉어 버렸습니다. 변명하려던 윤정이는 그 자리에 얼어붙듯이 서 버렸습니다. 윤정이의 눈에 금방 눈물이 차올랐습니다. 은진이는 혀를 차며 현이를 나무랐습니다.

"현이야, 너 왜 그러냐?"

"야, 쟤네 엄마가 너한테 전화할 거라는데, 넌 그럼 가만있을 거야?"

말리려는 은진이를 현이가 다그쳤습니다.

"아직 전화 안 하셨잖아. 자, 어쨌든 여기에서 이러지 말고 매점에 가서 얘기하자. 윤정이는 불량 식품 먹자고 안 할 거니까 걱정하지 말고."

은진이가 윤정이의 어깨에 팔을 둘렀습니다. 현이는 '쳇, 쳇'을 연발하며 교실 벽을 세게 걷어찼습니다.


카레라이스를 한 숟갈 떠먹은 현이가 숟가락을 내려놓았습니다.

무슨 말을 하려나 싶어 은진이가 올려다보자 현이는 물을 한 모금 들이켰습니다.

"야, 윤정!"

"으응?"

현이의 서릿발 어린 호령에 윤정이가 찔끔하며 고개를 들었습니다.

"너희 어머니 증상이 뭔지 내가 진단해 줄게."

"어?"

"정신분석학자 에리히 프롬의 말에 따르면 말이지, 그건 아이를 사랑할 줄 모르는 어머니의 증상이야."

앗! 저건 은진이가 했던 말이 아닌가요? 은진이는 황당해서 금붕어마냥 입만 뻐끔거렸습니다.

"정말로 사랑할 줄 아는 어머니는, 어, 그러니까, 다른 사람들도 사랑할 줄 알아야 해. 너희 어머니가 다른 아이들까지 사랑할 줄 아신다면 지금처럼 그러시지 않을 거라는 말이야. 어쩌면 자기 자신의 한 부분이라고 볼 수 있는 자기 아이를 사랑하는 거니까, 이기심에 가까운 거지. 그렇게 간섭하는 건 사랑이 아니야."

"야, 야, 현이 너……."

"은진아, 내 말 틀렸냐?"

뻔뻔하게도 다 제 말인 척하는 현이가 잰 체하면서 안경을 추켜 올렸습니다.

"저기, 현이 네 말이 맞는 것 같아."

아까까지 좀 불안해 보이던 윤정이는 얼굴색이 환하게 피었습니다. 정말 해결사라도 찾은 듯이 말이죠.

"야, 그거 내가 한 말……."

"거, 참. 은진이 너는 좀 가만있어라. 응. 내가 좀 그런 거 잘 알아."

"저, 그러면 현이야. 어떻게 해야 우리 엄마가 그런 간섭 안 하실까?"

"그, 음……."

"우리 엄마가 다른 사람들도 사랑할 줄 알아야 하는 거면, 어떻게 해야 하는 거야?"

윤정이가 그렇게 물어볼 줄은 몰랐던 현이가 몇 번 대답을 우물거리다가 은진이를 꼬집었습니다. 은진이는 새침하게 모른 척해 버렸습니다.

"아하하. 저기, 그게, 나 사실은 은진이한테 얻어들은 거라서."

"뭐, 혼자 잘 아는 척하더니."

은진이가 투덜거렸습니다.

"아이, 은진 씨."

여전히 화를 풀지 않고 현이를 새침하게 흘기는 은진이에게 아양을 떨던 현이는 과장된 한숨을 내쉬며 자리에서 일어났습니다.

"아유, 콜라 쏘면 봐 주는 거야? 응?"

"생각해 보고."

"알았어, 알았어. 금방 사 가지고 올게."

현이가 자리에서 일어나서 매점 카운터 쪽으로 향했습니다. 현이의 뒷모습을 보고 빙긋이 웃는 은진이가 카레라이스를 한 입 떠먹으려는 찰나에 윤정이가 물었습니다.

"난 있지, 엄마가 다 우리 위해서 그러시는 거 아는데……."

은진이는 조금 싱거운 카레라이스를 삼키며 고개를 끄덕였습니다. 주말에 세 번째로 읽은 에리히 프롬의 책에서 딱 그에 해당하는 부분을 읽었기 때문입니다.

"너희 어머니, 자신을 위해서는 뭐하시는 거 있어? 취미 생활이라든지 그런 거."

"아니, 전혀 없어. 우리 엄마는 늘 말버릇처럼 그러시거든. 너희 때문에 산다고. 다른 거는 하나도 하지 않으셔. 아침에 눈 뜰 때부터 밤에 주무실 때까지 오빠랑 내 일 아니면 아무것도 안 하셔. 헌신적인 분이시거든. 우리 아버지도 그러셔. 이기심이라고는 하나도 없는 사람이라고."

이전에는 이해가 가지 않았던 프롬 책의 어떤 부분이 윤정이의 이야기 속에서 풀려 나왔습니다.

자기 자신을 사랑하는 것은 타인을 사랑하는 것만큼이나 중요하다고 했습니다. 남들만을 위해서 사는 사람은 사실 자신을 사랑할 줄 모르는 거라고요. 그리고 남을 사랑하는 것과 자신을 사랑하는 마음은 따로 떨어져 있는 것이 아니라 이어져 있다고 했습니다.

이기적인 사람은 나에게 어떤 이익을 주는지만 생각합니다. 다른 사람을 위한 마음은 전혀 없습니다. 그러므로 이기적인 사람은 자신을 사랑하지도 못합니다. 남을 위해서 하는 일이라고 생각해도 사실은 이기적인 관심일 수도 있거든요.

"저기, 윤정아."

"응?"

"이기심이라는 건, 나만 챙기는 것일 수도 있지만, 다른 사람에게서 내가 바라는 것만 찾는 것이 될 수도 있어."

윤정이가 고개를 갸웃거렸습니다.

"잘 모르겠어."

"다른 사람을 사랑하는 건, 정말 그 사람이 무엇을 원하고 바라는지를 알아야 가능하거든. 그건 무시하고 내 관심만 쏟아 붓는 건 이기적인 사람이어서야. 예를 들어서 윤정이 너는 떡볶이를 좋아하는데, 그건 무시하고 내가 너보고 잡채만 계속 준다면 그걸 널 위하는 마음이라고는 할 수 없잖아."

"음, 나 잡채 안 좋아해."

"네가 잡채 싫어하는데 계속 내가 하루에 네 번씩 잡채를 해 주면 네가 행복할까?"

"아니."

"물론 네가 몸에 아주 안 좋은 것을 먹는다면 그러지 말아야 할 이유를 얘기해 주고, 다른 것을 해 줄 수는 있어. 그렇지만 네 마음은 고려하지 않고 무자비한 관심을 쏟는다고 해서 네가 행복해지는 건 아니잖아."

윤정이가 열심히 듣고 있는 동안 현이가 콜라 세 캔을 탁자 위에 조심스레 올려놓았습니다.

"사랑이란 건 물처럼 퍼져 나가는 거라서, 나를 사랑하지 않고

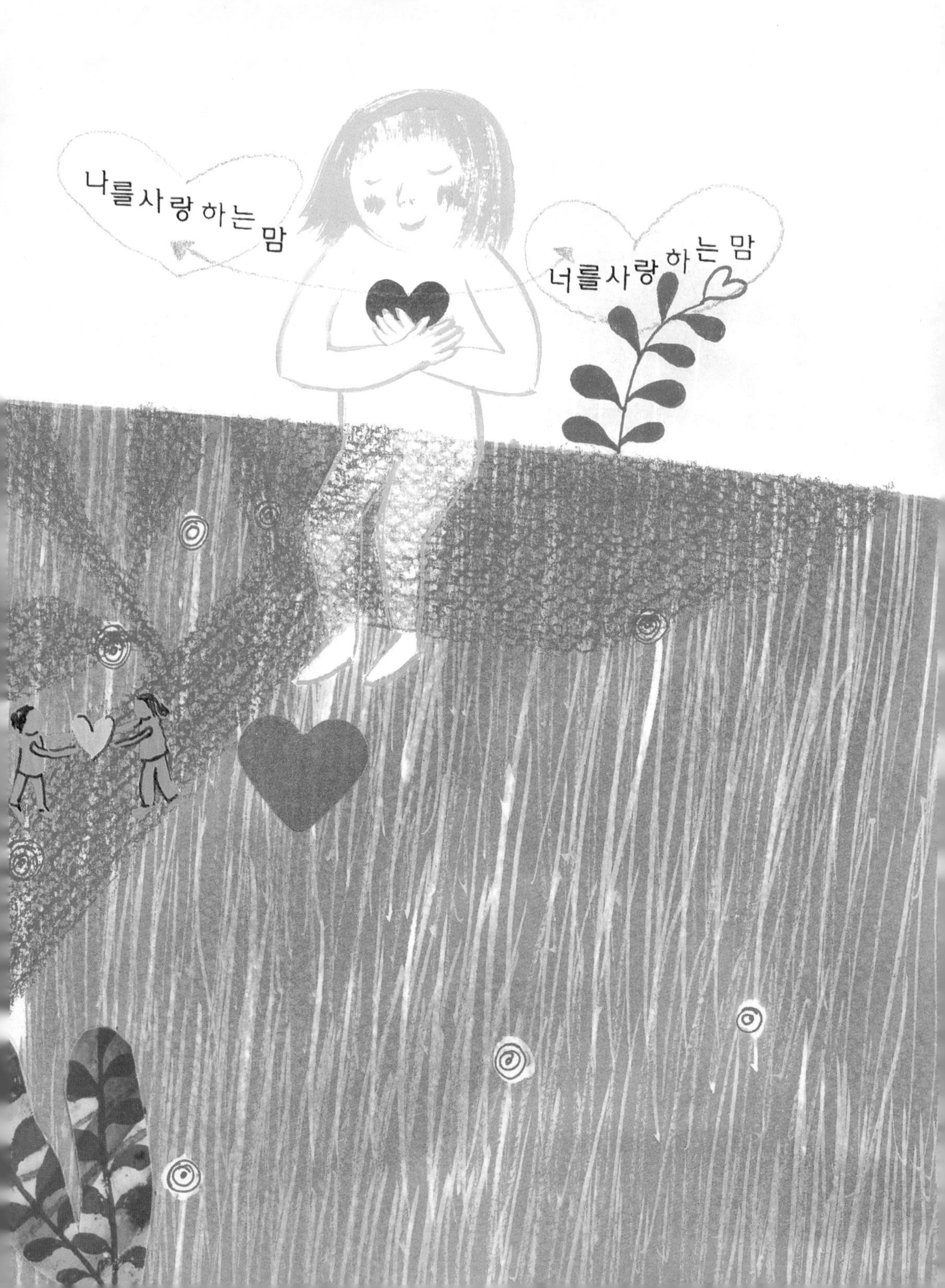
나를 사랑하는 맘
너를 사랑하는 맘

다른 사람만 사랑할 수는 없어. 나만 사랑하고 다른 사람을 사랑할 수 없는 것처럼. 이기심은 자신을 사랑하는 게 아니야. 사랑할 줄 모르는 미숙한 사람이 자기에게 이익이 되는 것만 찾는 거지."

현이가 콜라 캔을 따서 은진이에게 내밀었습니다. 아무 말도 하지 않는 것을 보니까 이 심각한 분위기에 주눅이 들었나 봅니다.

"이기심이 전혀 없는 그런 헌신적인 어머니가 오히려 나쁜 것 같아."

"왜?"

좀 전까지 이야기를 다 듣지 못한 현이가 끼어들었습니다.

"아이들은 그렇게 어머니를 미워하지 못하거든. 실망시킬까 두려워하지만 사실은 사랑받지 못했다는 생각 때문에 행복하지 않을 거야."

현이가 갑자기 윤정이 옆으로 스윽 다가가 윤정이의 팔을 부여잡았습니다.

"윤정아, 은진이 무지하게 유식해 보이지 않냐? 막 감동하려고 그러는 거 있지?"

"에……"

"그런데 쟤 왜 공부는 못할까? 응?"

"야! 현이 너어!"

능청을 떠는 현이와 발끈하는 은진이 사이에서 윤정이는 아무 답을 하지 못해 우물쭈물하다가 어설프게 웃었습니다.

"아하하. 코, 콜라 맛있다."


방에서 공부하던 윤정이는 부엌에서 달그락거리는 소리가 들려 시계를 확인했습니다. 저녁 6시였습니다. 윤정이는 교과서와 연습장을 닫고 자리에서 일어섰습니다. 방문을 열고 빠끔히 내다보니 역시 어머니였습니다.

"엄마, 벌써 저녁 준비하세요?"

"그래, 넌 공부해라."

윤정이는 식탁 의자를 잡아끌어 가만히 앉았습니다. 그날 은진이와 현이가 했던 말을 떠올리면서 어머니께 말씀을 드릴까 말까 망설이다가 반찬거리를 다듬는 어머니를 물끄러미 바라보았습니다.

"엄마, 저녁 하시는 거 도와드려요?"

"아냐, 됐다. 너는 들어가서 공부해라."

"난 엄마 힘드신 것 같아서 도와드리고 싶어요."

"내가 힘든 건 괜찮다. 너희 저녁 해 줘야지."

어머니는 늘 같은 대답을 하십니다. 어렵게 용기를 냈던 윤정이는 발끝으로 앞자리 의자를 톡톡 치면서 입술을 깨물었습니다.

"엄마, 엄마는 내가 공부 열심히 해서 좋은 대학 가서 행복했으면 하시잖아요."

"그러니까 공부하라고 하지."

"저는요, 엄마도 행복했으면 좋겠어요. 나만 행복하고 엄마는 행복하지 않으면 안 되잖아."

"부모가 아이들 위해서 희생하고 사는 건 당연하지 뭐."

"난 있죠, 엄마가 행복하면 나도 더 행복할 것 같아요."

윤정이 어머니의 손길이 조금 늦추어졌습니다.

"나도 엄마 일도 도와드리고, 엄마는 엄마 하고 싶은 거 더 하고 그랬으면 좋겠어요. 여행도 못 해 보셨다고 그러셨잖아요. 저랑 오빠랑 둘이서 일주일쯤은 잘 지낼 수 있고요, 아빠 저녁도 제가 해드릴 수 있어요."

"너희 오빠 도시락은 누가 챙기니."

"그것도 제가 챙길 수 있어요. 엄마는 매일매일 하시는데 저도 일주일은 충분히 할 수 있을걸요."

의외로 화를 내시지 않는 어머니의 반응에 용기백배한 윤정이가
어머니의 허리를 꼭 안으며 대답했습니다.
　"엄마, 사랑해요."

# 자신을 사랑하지 않는 사람은 아무도 사랑할 수 없다

　인간은 본래 생각할 줄 아는 사고 능력이 뛰어나서 자연 세계와 분리되어 인위적 세계에 살기 때문에 외로울 수밖에 없습니다. 이런 인간이 취할 수 있는 가장 바람직한 노력이 바로 올바른 사랑이며, 그런 사랑을 위해서는 사랑의 기술이 필요합니다. 학문과 예술 또는 자신의 신체 단련 같은 것도 외로움을 이기는 노력 가운데 하나입니다. 그렇지만 가장 바람직한 노력은 다른 사람과 나누는 사랑입니다. 그 시작은 따뜻하게 열려 있는 마음으로 나누는 대화입니다. 그리고 거기에는 공통적으로 관심, 지식, 보호, 존경, 책임이 따라야 합니다. 그렇지만 보다 구체적인 사랑을 실천하기 위해서는 부모, 형제와 이웃, 부부(이성), 자기 자신, 하나님 등 대상에 따른 분별 있는 사랑법을 먼저 배워 알아야 합니다.

　모성애라고도 하는 어머니의 사랑은 자녀에게 행복이고 평화이며 애써 획득할 필요도 없고 보상을 바라지도 않는 무조건적인 것입니다. 그러나 무조건적이기에 필요에 따라 획득할 수도 없고 만들어 낼수도 없을 뿐만 아니라 통제할 수도 없다는 점은 부정적 측면입니다. 간섭이 심한 어머니는 아이가 어머니에게 지나치게 의존하고 무력감을 느끼는 수동적 인간으로 만들더라도 통제하기가 어렵습니다. 아이가 성장하면서 어머니의 임무는 어린애의 분리를 관용해야 할 뿐아니라 오히려 바라고 후원해 줘야 하는 어려운 과업으로 변합니다. 이 단계에서 많은 어머니들은 모성애라는 그들의 과업에서 실패를겪기도 합니다. 본문에서 윤정이의 어머니는 그런 예입니다.

아버지의 사랑은 어머니의 사랑보다는 다소 조건적입니다. 아버지의 사랑에 대해서는 복종이 주요한 덕이고 불복종은 죄입니다. 아버지의 사랑은 조건부이기 때문에 나는 아버지의 사랑을 얻기 위해 무슨 일인가 할 수 있고 또 노력할 수 있습니다. 아버지의 사랑은 어머니의 사랑처럼 '나'의 통제를 벗어나 있는 것은 아닙니다. 그렇지만 복종하지 않으면 아버지의 사랑은 철회되기도 합니다. 아버지의 사랑은 주로 원칙과 권위에 따라야 하며 자녀에 대한 기대와 문제해결 능력을 베푸는 것으로 나타납니다.

형제애의 특징은 동등한 자들 사이의 서로에 대한 수평적 사랑입니다. 부모의 사랑(특히 모성애)이 근본적으로 무력한 존재인 어린 자녀에 대한 일방적 사랑인 것과 비교하면 조금 대조적인 사랑입니다. 형

제를 가장 넓게 보면 이 세상의 모든 이웃입니다. 따라서 형제애는 모든 형태의 사랑의 바탕에 놓여 있는 가장 기본적인 사랑입니다. 모든 인간은 근원적으로 동등한 하나라는 평등 개념의 기반 위에 있기 때문에 가장 크게 열려 있는 사랑입니다. 실제로는 각 개인이 지식, 재산, 힘과 지위 등에서 차이가 나지만, 눈에 보이는 약자가 실은 일시적인 약자임을 깨닫고 실천하는 것이 형제애의 핵심입니다. 그 시작은 측은지심이 필요하며 가장 많은 '사랑의 기술', 즉 지식이 필요합니다.

이성 간의 사랑은 형제애와는 대조적으로 가장 배타적인 사랑입니다. 형제애는 동등한 자들 사이의 사랑이고 모성애는 무력한 자에 대한 사랑입니다. 두 사랑은 근본적으로 편애를 배격하며 한 사람에게만 국한되지 않는다는 공통점이 있습니다. 그렇지만 이성 간의 사랑은 서로를 독점하고자 하는 배타성이 가장 큰 특징입니다. 바꿔 말하면 '두 사람을 단위로 한 이기주의'인 것입니다. 이런 배타성은 자칫 사랑을 중단시키는 소유욕(소유 양식)으로 바뀌기 쉽고, 그래서 이성 간의 사랑은 가장 쉽게 이끌려 시작되지만 오래 지속되는 일이 드물기도 합니다. 또 모성애와는 사랑의 방향이 반대라는 사실이 특징입니다. 모성애는 어머니와 하나였던 자녀가 성장하면서 독립하여 분리되는 것을 목표로 하는 데 반해, 이성 간의 사랑은 분리되어 있던 남녀가 하나로 일치됨을 목표로 합니다. 그래서 고부간의 갈등이라는 것도 실은 두 사랑의 특성상 예비된 소지를 안고 있습니다.

자기애는 의외로 오해하기 쉽기 때문에 많은 '사랑의 기술'이 필요한 사랑입니다. 사람들은 사랑의 개념을 여러 가지 대상에 적용하는데 반대하지 않으면서도, '다른 사람을 사랑하는 것은 덕이지만 자기자신을 사랑하는 것은 죄'라는 신념이 널리 퍼져 있습니다. 이런 오해의 바탕에는 사랑이 '나와 그 무엇과의 관계'이기 때문입니다. 그 누구도 나 자신인 '나와 나와의 관계'를 떠올리기란 쉽지 않지요. 자신을 사랑할수록 남을 사랑하지 못하고, 그래서 자기애는 이기심과 같다고 생각하고 있는 것입니다. 그러나 진정한 자기애는 '나만 사랑하는 것'이 아니라 내가 실천하는 보편적 형제애의 대상에 '나까지 포함해서 사랑하는 것'입니다. '나를 사랑하지 않는 사람은 아무도 사랑할 수 없다'는 격언은 자기애의 핵심을 잘 드러냅니다.

신과의 사랑은 종교가 다양한 만큼 여러 모습으로 나타납니다. 공통된 것은 어버이의 사랑과 중요한 평형 관계를 보인다는 점입니다. 우리는 신을 모든 일에서 보호해 주는 어머니 또는 상벌을 주는 아버지로서 경험하는 것이 보통입니다. 그렇지만 더욱 성숙한 단계의 사랑까지 포함하는 것이 신과의 사랑입니다. 이러한 신과의 사랑은 현실적으로는 불가능한 절대적이고 영원한 사랑까지 포함하므로 이해가

아닌 신앙의 대상이 됩니다.(기독교에서는 이를 '아가페'라고 하지요.) 그래서 신에 대한 사랑의 핵심은 신의 존재 · 정의 · 사랑에 대한 신 앙 그 자체이며 현실적으로는 모순되어 보이기도 합니다.

# 4

## 사랑의 실천

 사랑에 대해서 배울 것이 아무것도 없다는 생각을 자아내게 하는 세 번
째 잘못은, 사랑에 '빠진다' 는 최초의 경험과 사랑하고 '있다' 는 영속적
인 상태, 좀 더 명확하게 말하자면 사랑에 '머물러 있다' 는 상태를 혼동
하고 있는 데 있다.

– 에리히 프롬

# 1 주변 돌아보기

은혜는 집에 가는 길이었습니다. 졸리고 배가 고파서 축축 처지기만 하던 발걸음을 갑작스레 멈추었습니다. 한 주먹이 조금 넘는 크기의 강아지가 끙끙거리는 소리를 내고 있었기 때문입니다. 새하얀 털과 대조되는 새까만 눈이 너무나 귀여워 은혜는 얼른 강아지를 두 손으로 감싸 안았습니다.

"어머, 너 너무 예쁘다! 주인은 어디 가시고?"

그러면서 주위를 돌아보니 낯익은 얼굴이 있었습니다. 언니 친

구인 진희 언니가 나이 많은 노숙자 할아버지와 이야기를 나누고
있었습니다.

"진희 언니!"

인사를 하면서 달려가자 뒤돌아본 진희가 은혜를 반겼습니다. 하
얀 강아지도 낑낑거리지 않는 것을 보니 진희가 주인인가 봅니다.

"아, 은혜구나. 아유, 우리 링링이 또 어디 도망갔었어?"

"언니 강아지예요? 너무 예쁘다."

"응, 이름이 링링이야. 아참, 우리 할아버지 만나 뵐래?"

"할아버지?"

진희가 궁금해 하는 은혜의 손목을 잡아끌었습니다. 그러더니
아까 이야기를 같이 나누던 노숙자 할아버지 앞에 쪼그리고 앉았
습니다.

"할아버지, 제 친구 동생 은혜예요."

"안녕하세요."

조금 당황한 은혜가 얼른 고개를 숙이며 인사를 했습니다.

"그래, 이름이 은혜니?"

"네."

"요즘에 여기 진희 학생이 와서 말동무도 해 주고 해서 고마워."

진희가 빙긋이 웃으며 다시 자리에서 일어섰습니다.

"저 그럼 내일 또 올게요. 링링아, 할아버지한테 인사해."

링링이는 반쯤 감긴 눈으로 진희의 팔 안에 파고들려고만 했습니다. 은혜는 진희와 함께 꾸벅 인사를 하고 링링이의 보드라운 털을 쓰다듬었습니다.

"언니, 매일 와서 저기 저 할아버지하고 얘기해요?"

"응, 은진이가 얘기 안 했어?"

"은진이 언니요? 뭐요?"

"헤헤, 집에 가서 언니한테 물어봐. 앗, 난 간다. 안녕!"


"언니."

"응."

노크도 없이 스윽 들어온 은혜가 은진이의 침대에 풀썩 주저앉았습니다. '사랑해 주기'로 결심한 수학책을 들고 씨름하던 은진이는 건성으로 대답하고 방금 푼 문제의 답을 체크했습니다.

"나 오늘 집에 오다가 진희 언니 봤다."

"진희?"

"응, 진희 언니 강아지도 봤어. 너무 예쁘더라."

"링링이? 무지하게 귀엽지?"

"응, 그런데 진희 언니 매일매일 그 할아버지랑 얘기하나 봐. 왜 알지? 포에버 문구점 근처에 자주 앉아 계시는 분."

"아아."

은진이는 그제야 연필을 내려놓았습니다. '훈련 작전 40일'에 도전한다던 진희는 정말로 작전을 시작했나 봅니다.

# 2 사랑하기 프로젝트

"무슨 말이야?"

"호호, 진희랑 얘기를 좀 했지."

"그게 뭔데?"

"사랑은 기술이라고 했거든. 그랬더니 '더 잘할 수 있어' 하면서 주먹을 불끈 쥐던데."

"에, 그거 훈련해도 되는 거야?"

"응, 내가 결국 그《사랑의 기술》을 끝까지 다 읽지 않았겠니. 맨

뒤에 보면, 사랑의 실천에 대한 내용이 있어."

은혜가 별 기대 없는 얼굴로 입맛을 다셨습니다.

"퀸카가 되는 법은 끝까지 안 나오지?"

"뭐, 철학 책이 다 그렇지."

"그럼 무슨 얘기 나와?"

"음. 사랑은 공부하는 거나, 기술을 배우는 것처럼 정신 집중을 하고 모든 사람을 대해야 한다, 그런 거야."

"정신 집중? 다른 사람들하고 얘기할 때도 머리 써야 하는 거야?"

은혜의 말에 은진이는 그만 킥 웃어 버렸습니다. 현이가 했던 말과 똑같았거든요.

"아무렇게나 하는 거는 안 하는 것만 못하다, 그런 거야. 다른 사람을 사랑하기 위해서는 이해가 필요하고, 또 다른 사람을 이해하려면 그 사람 입장에서 생각할 줄 알아야 하잖아."

"흠."

은혜의 눈에 은근한 복숭아 빛이 도는 것을 보니 지훈이 생각을 하는 모양이었습니다.

"물론, 네가 좋아하는 사람이야 뭐 다 이해가 가고 다 좋아 하지만, 그렇지 않은 사람들을 사랑하려면 그렇다는 거지."

"지훈이는 무슨 말을 해도 멋있어."

"대화를 해도 쓸데없는 이야기보다는 조금 더 정신을 집중해서 이 사람이 무슨 말을 하는 것인가 들어보기로 결심했어. 사실은 다른 사람들 말을 흘려듣는 것이 정신 집중해서 듣는 것보다 오히려 시간 낭비거든."

"그래서 그 할아버지랑 얘기하는 거야?"

"응. 우리도 몰랐는데, 할아버지 아들은 작년에 죽었대. 딸은 어렸을 때 죽었고."

"어머……"

"손녀가 있는데 며느리랑 같이 산대. 할아버지를 자주 찾아오지 않는가 봐. 그래서 손녀가 다니는 학교 앞에서 그렇게 기다리신대."

"앗, 난 노숙자 할아버진 줄 알았어."

"응. 우리도 그랬는데 알고 보니 그런 사정이 있었어. 우리가 매일매일 그냥 지나쳐 버려서 모르는 사람들이 얼마나 많겠어."

"그러게."

"아, 그리고 내 친구 윤정이라고 있거든."

"공부 잘한다던 언니?"

은진이의 말을 귀담아듣던 윤정이는 직접 에리히 프롬의 《사랑의 기술》을 구입했습니다. 그리고 며칠 전 '엄마 사랑하기' 작전을 시작한다고 선언했습니다. 그래서인지 윤정이 어머니는 은진이에게 꾸중하는 전화를 하지 않으셨습니다.

"응, 걔는 엄마 사랑하기 프로젝트."

"난 지훈이 사랑하기 프로젝트가 좋을 것 같아."

"하이고, 쪼끄만 게 못하는 말이 없네."

은진이가 온몸을 배배 비트는 은혜에게 꿀밤을 먹였습니다.

"언니, 그러니까 사랑의 기술 연마 뭐 이런 거네?"

"응."

"사랑의 기술 공인 1단 뭐 그렇게 되려면 어떻게 해야 한대?"

은진이는 이번엔 큰 소리로 웃음을 터뜨렸습니다. '공인 1단'을 '국가 자격증'으로 바꿔야 한다는 것은 현이가 했던 말 그대로였습니다.

"아하하하, 너도 현이랑 똑같은 말하네."

"인류의 공통 과제 아니겠어? 으흐흐."

어디서 주워들었는지 알 수 없는 어려운 말을 중얼거리며 은혜가 엄숙하게 고개를 끄덕였습니다.

"에, 뭐, 아주 쉽지는 않은데 속성 코스를 밟고 싶으신가요?"

"인류의 공통 과제를 그리 간단하게 마스터할 수 있을까요?"

"선생님이 특출 나니까 가능할 듯합니다."

"퀸카가 되는 법에 더 관심이 있지만 뭐, 말씀해 주세요."

은혜가 한숨을 쉬며 일어나 앉았습니다.

"사랑의 기술 공인 1단이 되려면 세 가지를 기억해야 해. 정신 집중, 지속적인 훈련, 그리고 인내. 쓸데없는 거 덜 보고, 쓸데없는 얘기 덜 하고, 좀 더 귀를 기울이는 훈련을 지속적으로, 인내심을 가지고 하는 거지."

"……에이, 속성 코스 같은 건 없는 거였어?"

시시하다는 듯 은혜가 투덜거렸습니다.

"사랑에는 왕도가 없단다. 그저 열심히 계속 노력할 뿐이지. 엄마와 아빠가 매일매일 가족을 사랑하는 훈련을 하시는 것처럼."

은혜가 말없이 고개를 끄덕였습니다.

"그러니까 지훈이 사랑하는 것만 하지 말고, 평소에 관심 안 두었던 친구부터 찾아서 연습해 봐."

"난 초보자니까, 지훈이 사랑하는 것부터 시작할래."

은혜가 행복한 미소를 지으며 베개를 끌어안았습니다. 은진이는 혀를 끌끌 차면서 다시 수학 참고서를 펼쳐들었습니다.


"은진아."

"응?"

현이가 현이답지 않은 심각한 얼굴로 은진이를 불렀습니다. 은진이는 김치 한 조각을 베어 물고 다음 말을 기다렸습니다.

"생각해 봤는데, 윤정이는 그리 나쁜 아이가 아닌 것 같아."

"헤헤, 재수 없다더니."

"그 말은 내가 잘못한 것 같아. 윤정이에 대해 잘 알지도 못하면서 괜히 지나가는 말만 듣고 그랬거든."

"현이 많이 컸어요. 이런 기특한 말도 하고."

은진이가 현이의 머리를 쓰다듬어 주면서 놀려 댔습니다.

"나 있지, 윤정이네 집에 어제 놀러갔다. 너 먼저 가 버리고 나서 윤정이가 학원 안 가도 된다고 그러더라고."

"아, 그래? 윤정이 오빠 참 멋있지?"

윤정이네 집에 몇 번 가 본 은진이가 물었습니다. 무척 엄하다던 윤정이 어머니는 현이 어머니만큼이나 자상해 보이는 분이셨습니다.

"오빠는 못 봤는데, 윤정이 어머니도 생각보다 그리 나쁜 분은 아닌 것 같아. 윤정이랑 같이 얘기한 다음부터는 신경도 좀 덜 쓰신다고 그러더라. 너무 자기 아이들만 우선하다 보니까 다른 사람 처지는 잘 이해하지 못했던 것 같다고 그러셨어."

"어머, 진짜 그러셨어?"

"응."

현이가 고개를 끄덕였습니다.

"은진아."

"응?"

"그러니까 이제 친구 사랑하기는 내가 좀 마스터한 것 같은데."

"같은데?"

"잘생긴 윤정이 오빠랑 사랑하기 훈련을 더 해 봐야겠어. 경이 언니 애인 만났는데 너무 잘생겼더라고. 그래서 나도……."

여전히 심각한 얼굴로 다짐을 하는 현이. 은진이는 마시던 물에 사레가 걸려 쿨럭 기침이 나왔습니다.

"아, 배움의 길은 멀고도 험한 거야."

## 사랑을 실천하기 위한 네 가지 조건

　지금까지 사랑에 관한 이론적 측면을 살펴보았으나 궁극적으로 사랑은 실천입니다. 실은 우리가 그 점을 몰라서가 아니라 사랑에서 실천만을 너무 강조하기 때문에 오히려 이론적인 사랑의 기술을 소홀히 하고 있음을 지적했던 것입니다. 이제 더욱 힘든 문제, 곧 사랑의 실천에 대한 문제를 다루어야 합니다. 그런데 어떤 실천이라는 것은 배운 지식을 실제로 적용하여 실행하는 것이므로 전적으로 각자의 몫이지요.

　사랑 '한다'는 것도 누구든지 자기 혼자서 몸소 겪어야 하는 개인의 경험입니다. 사실상 이 경험을 적어도 어린애, 청년, 어른으로서, 흔적만 남는 방식으로라도 겪지 않은 사람은 거의 없습니다. 따라서 사랑의 실천에 관한 한 그에 대한 실천상의 검토를 더 해 보는 것이 최선일 것입니다.

　구체적으로 할 수 있는 일은 '사랑의 기술'의 전제를 검토하고, 사랑에 대한 접근을 현실적으로 검토하며, 이러한 전제와 접근법의 실용을 검토하는 것입니다. 이런 목표마저도 오직 자기 혼자서만 실천할 수 있기 때문에 구체적인 처방을 기대하기는 어렵습니다. 다만 목공 기술이든 의학 기술이든 사랑의 기술이든, 기술을 실천할 때는 공통적인 사항이 있습니다. 그에 대한 이해는 사랑의 실천을 포함한 모든 실천의 문제에 도움이 되므로 에리히 프롬이 강조한 다음 네 가지를 소개해 둡니다.

1. 모든 실천에는 관심이 먼저입니다. 사랑의 실천에도 당연히 사랑의 기술과 자신에게 적용하는 일에 대한 지속적인 관심이 선행되어야 합니다. 내가 사랑하고 있다면, 사랑을 하는 나와 사랑받는 사람에 대해 끊임없이 적극적인 관심을 갖는, 깨어 있는 상태에 놓여 있어야 합니다. 그렇지 않다면 나는 사랑받는 사람과 능동적으로 관계할 수 없습니다. 사랑하는 능력은 관심에서 시작되는 긴장, 각성, 고양된 생명력의 상태를 요구합니다.

2. 사랑의 실천에는 정신 집중이 요구됩니다. 다른 사람과의 관계에서 정신을 집중한다는 것은 일차적으로 다른 사람의 이야기를 경청할 수 있다는 뜻입니다. 많은 사람들은 정신을 집중하고 다른 사람의 이야기를 듣는다면 피곤할 것이라고 생각하지만 사실은 정반대입니다. 정

신 집중은 서로 사랑하고 있는 거의 모든 사람들은 실행해야 하며, 그럼으로써 관습적으로 행해지는 여러 가지 방식에서 도피하지 않고 서로 친밀해지는 법을 배워야 합니다.

3. 모든 실천에는 숙달을 위한 자발적 훈련이 필요합니다. 특히 사랑의 실천에 필요한 훈련은 일시적인 것이 아니고 평생에 걸쳐 진행되어야 하는 훈련임을 명심해야 합니다. 그러나 훈련이 외부에서 부과된 규칙처럼 실행되어서는 안 되고 자신의 자발적 의지가 담겨 있어야 합니다. 비록 처음에는 약간의 저항이 있더라도, 결국은 즐거운 일임을 확신해야 합니다.

4. 실천을 완수하려면 인내심이 필요합니다. 기술이 숙달된 사람은 누구든지 어떤 일을 달성하려면 인내가 필요하다는 사실을 알고 있습니다. 매사에 신속성을 요구하는 현대인에게는 인내가 어렵지만, 빠른 결과만을 바란다면 우리는 결코 사랑의 기술을 익히지 못합니다. 인내심이 요구될 때가 가장 중요한 고비임을 명심해야 합니다. 프롬보다 조금 앞선 철학자 러셀이 강조한 '생산적인 지루함'이 행복에 필수적이라는 사실도 기억해 두면 좋을 것입니다.

# 에필로그

'지훈 오빠 사랑해요!'

은진이네 집에 모인 현이와 진희, 윤정이가 텔레비전 프로그램을 보고 있습니다. 가요 프로그램을 보던 현이가 혀를 끌끌 차고 있습니다.

"쟤네들, 사랑이 뭔지나 알면서 저러는 걸까? 잘 알지도 못하는 가수를 잘생겼다는 이유 하나로 사랑한다고 말하다니, 현이 선생님한테 다들 기합 받아야겠어."

현이 옆에서는 진희가 링링이와 노느라 정신이 없습니다.

"아유, 우리 링링이 너무 예뻐요. 착한 우리 링링이. 진희는 우리 링링이를 세상에서 제일……은 아니고, 많이많이 사랑해요!"

그 뒤에는 《성경》 공부 벼락치기에 열심인 은혜가 프린트된 종이를 앞뒤로 넘기면서 무언가를 외우는 중입니다.

"은진이 언니, 하나님의 사랑이 뭔지 알아? 아가페야 아가페. 신과 합일되는 신앙하고 유일신 종교와의 상관관계를 알아?"

은진이는 은혜의 말을 듣지 못했는지 윤정이의 옆구리만 찔러 댑니다.

"윤정이 너 공부해야 하는 거 아니야? 우리 집에 놀러온 지 벌써 1시간 10분이나 지나니까 내가 다 불안한걸."

윤정이가 가만히 고개를 젓습니다.

"엄마가, 지금 정도만 해도 잘하는 거니까 너무 스트레스 받지 말고 친구들하고도 어울리라고 하셨어."

"어머, 정말?"

은진이가 고개를 갸웃거렸습니다. 윤정이는 이번 시험에도 반에서 일등을 했습니다.

"이상하게도, 엄마가 그러시니까 공부가 더 잘 되는 거 있지?"

"아아, 얄미워라."

현이가 기지개를 켜는 척하면서 윤정이의 어깨를 툭 쳤습니다. 그렇지만 윤정이는 정말 얼굴이 밝아졌습니다. 전에는 부담스럽기만 하던 어머니의 관심이 반의반으로 줄었지만 가끔씩 야식을 만들어 주시면 두 배로 반갑고 감사하다고 하네요.

현이는 요즘 많이 유식해졌습니다. '사랑'이라는 단어만 나왔다 하면 독일계 철학자 에리히 프롬에 대해서 일장 연설을 늘어놓는 바람에 경이 언니 역시 사랑이야기를 들으러 온다고 하네요. 진희는 '다른 이들 사랑하기' 훈련에 매일매일 바쁩니다. 누가 말을 하던지 귀를 기울이고 듣는 진희는 친구들에게 인기 폭발입니다. 그렇지만 제일 변한 사람은 은혜입니다. 지훈이와 매주 일요일 같이 가는 교회에서 은혜는 '박사'로 소문났습니다. 어쩌면 지훈이보다도 주일학교 선생님에게 더 관심이 있는 것이 아닐까 의심이 갈 정도로 '신을 향한 사랑과 사람 사이의 사랑'에 대한 열띤 토론을 벌인다고 하네요.

　은진이는 링링이를 꼬옥 껴안고 진희의 다리를 베개 삼아 누워 버렸습니다. 불과 몇 달 전 버스 안에서 마주쳤던 남학생은 다시 만나지 못했지만 오히려 더 많이 얻은 듯한 기분이 드는 것은, 사랑에 대해 많이 배울 수 있었기 때문이겠지요?

# 통합형 논술
## 활용노트

**01** '사랑의 기술'이라는 말을 듣고 처음에 어떤 생각이 들었나요? 그리고 그 생각은 이 책을 읽고 난 뒤 어떻게 달라졌는지 서술해 보세요.

**02** 에리히 프롬은 그의 책에서 사랑을 '존재 양식'과 '소유 양식'으로 나누어 설명하고 있습니다. 이 두 가지가 어떠한 의미인지 자신이 이해한 것을 바탕으로 논술해 보세요.

**03** 여러분은 사랑에도 종류가 있다고 생각하나요? 그렇다면 그것은 어떻게 나눠지나요? 자유롭게 설명해 봅시다.

**04** 에리히 프롬은 사랑을 실천하는 방법으로 관심, 정신 집중, 자발적 훈련, 인내심을 들고 있습니다. 이중에 자신이 생각하는 사랑의 실천과 가장 가까운 것은 무엇인가요? 또 그 이유는 무엇인지 자유롭게 말해 봅시다.

**05** 여러분 주위에서 사랑을 가장 잘 실천하고 있다고 생각하는 인물을 찾아 소개해 봅시다.

_____

_____

_____

_____

_____

_____

_____

_____

_____

_____

_____

_____

# 통합형 논술
## 문제풀이

**01** '사랑의 기술'이라는 말을 처음 접하고 솔직히 어떤 뜻인지 이해가 잘 되지 않았습니다. 그래서 단순히 사랑을 받을 수 있는 외모나 말투 등에 대한 방법을 알려 주는 것이라고 받아들였습니다. 그렇지만 책을 다 읽고 보니 여기서 말하는 '기술'이란 사람이 사랑을 하면서 능동적이고 주체적으로 지녀야 할 노력과 지식에 관한 것임을 알았습니다. 또한 그것은 짧은 시간에 이루어지는 것이 아니고 악기나 외국어를 배우듯 변화하고 발전해 가는 능력이라는 점에 놀랐습니다.

사랑이란 사람이 살아가면서 느끼는 특별한 감정 중 하나라고 단순하게 생각해 왔던 저는, 이런 시각에서 사랑을 바라본 적이 없었기 때문입니다. 그래서인지 '아무것도 모르는 자는 아무것도 사랑하지 못한다'는 글을 읽고 뜨끔한 기분이 들었습니다. 배움을 거치지 않은 사랑은 서툴거나 병적인 상태에 이를 수 있다는 말에도 동의합니다. 저도 나중에 어른이 되고 사랑하는 사람이 생겼을 때 성숙한 사랑을 할 수 있는 떳떳한 자격을 갖추고 싶습니다.

**02** '존재 양식'이 사랑하는 대상을 배려하고 아끼는 양식이라면 '소유 양식'은 사랑을 '가질 수 있다(소유할 수 있다)'는 오해에서 비롯된 올바르지 못한 양식을 나타냅니다.

예를 들어 강아지를 기를 때 먹이나 발육 상태를 수시로 점검하고 건강하게 자라도록 관심을 갖고 보살피는 것은 '존재 양식'에 가깝습니다. 그러나 강아지를 소유물로 생각하고 함부로 대하거나 가족들의 동의를 얻지 않은 채 친구에게 함부로 주어 버리는 행동 등은 '소유 양식'에서 비롯된 것입니다. 그러므로 올바른 사랑의 기술은 '존재 양식'을 얼마나 실천하고 유지하도록 하는가에 달려 있다고 말할 수 있습니다.

**03** 저는 사랑에도 종류가 있다고 생각합니다. 제가 생각한 사랑을 나누어 보면 믿음과 관련된 사랑, 가족 간의 사랑, 남과의 사랑, 자기 자신에 대한 사랑입니다.

첫 번째 사랑은 제가 믿고 있는 신이나 정의, 평화 등에 대한 사랑입니다. 이러한 사랑이 없다면 세상은 굉장히 어지럽고 황폐한 곳이 될 것이라고 생각합니다. 두 번째 사랑에는 부모님들이 저를 사랑하시는 것, 형과 동생이 저를 사랑하는 것, 제가 부모님과 형제들을 사랑하는 것 등이 모두 포함됩니다. 가족과 있을 때 느끼는 따스하고 편안한 감정은 다른 어느 대상을 통해서도 얻지 못하는 소중한 사랑이라고 생각합니다. 세 번째는 이성 간의 사랑을 의미하는 것으로 아직 이성 친구를 사귀어 보지 못한 저로서는 가장 설레면서도 걱정되는 사랑이기도 합니다. 마지막으로 스스로에 대한 사랑은 제가 가장 실천하기 힘든 사랑입니다. 친구들과 활발하게 어울려 지내고 이야기를 주도해 나가는 제 모습은 좋아하지만, 간혹 부모님의 마음을 아프게 하고 맡은 일에 성실하지 못한 제 모습은 미워하기 때문입니다. 앞으로는 자신의 모든 면을 사랑할 수 있도록 해야겠습니다.

**04** 저는 '인내심'을 들고 싶습니다. 인내심은 사랑하는 대상에 대한 지속적인 관심과 배려일 뿐만 아니라, 자기 자신을 다스리고 지켜보는 마음이라고 생각하기 때문입니다. 진정한 사랑을 위해서는 상대방의 일부만 받아들이는 것이 아니라, 좋지 않은 모습까지도 받아들일 수 있어야 합니다. 그렇게 되기까지는 많은 시간과 끈기가 필요할 것입니다. 그렇지만 이러한 과정을 통해 상대방을 더욱 사랑하게 될 수 있을 것이고, 더욱 진실하고 발전된 나를 발견할 수 있다고 봅니다.

**05** 유치원 시절부터 단짝인 하경이를 소개하고 싶습니다. 하경이의 부모님은 듣지 못하고 말하지 못하는 농아입니다. 물론 부모님과 대화하기 위해서도 수화가 필요하지만 하경이는 그것에 그치지 않고 오래전부터 주말을 장애우 학교에서 봉사하며 보내고 있습니다. 주중에 학교에서 있었던 재미난 일이나 흥미로운 책 내용을 여러 농아들에게 전해 주며 귀여움

을 독차지하고 있는 것입니다.

저도 하경이를 따라 장애우 학교에 가 본
적이 있습니다. 처음 그곳을 방문했을 때,
왠지 모를 거리감과 소외감이 들어 한시라
도 빨리 나오고 싶어서 하경이 눈치만 계
속 살폈습니다. 그렇지만 이후 몇 차례의
방문을 통해 농아들의 겉모습이 일반인과
다를 바 없다는 것을 알았고, 그들의 마음
은 일반인보다 오히려 더 맑고 순수하다는
것을 느꼈습니다.

하경이는 앞으로도 계속 주말마다 빠지지
않고 이곳에 올 것이라고 합니다. 저도 시
간이 되는 대로 하경이와 함께할 생각입
니다.